Autour de mon Clocher

DU MÊME AUTEUR

Histoires Lorraines . . . . 1 volume

Histoire d'Epinal au 17e siècle, 1re partie : Histoire politique et militaire. 1 volume

Epinal au 17e siècle. — La ville, ses rues et ses faubourgs . . . . 1 brochure

SOUS PRESSE

Histoire d'Epinal au 17e siècle, 2e partie : Administration, Finances, Justice, Mœurs, Industrie et Commerce. 1 volume

EN PRÉPARATION

Les Cahiers d'un bourgeois spinalien au 17e siècle . . . . 1 volume

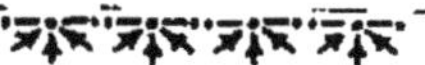

René PERROUT

AUTOUR de MON CLOCHER

Préface de Maurice BARRÈS

EPINAL

IMPRIMERIE CH. HUGUENIN

PRÉFACE

Cher Monsieur René Perrout,

Dreux du Radier, dans ses *Mémoires sur les Reines,* raconte en s'émerveillant que Louise de Lorraine-Vaudémont (qui devint reine de France par son mariage avec Henri III), bien que née au château de Nomeny, n'avait pas d'accent lorrain. Son père s'étant remarié avec une Jeanne de Savoie-Nemours, cette étrangère, mal faite à nos syllabes traînantes, avait veillé qu'aucun enfant de Nomeny, de Nancy, de Vézelize ne jouât avec la petite Louise, s'il avait les intonations locales... La déplaisante précaution ! C'est assez pour qu'on se détourne de cette reine Louise. Je suis sûr qu'elle n'avait pas, au moindre degré, nos francs caractères lorrains. Ils ne peuvent s'exprimer qu'avec l'accent indigène.

Sans doute, il faut connaître les élégantes leçons de Paris, mais il serait désastreux qu'elles comblassent ou corrompissent notre source profonde.

J'apprécie, cher monsieur Perrout, que vous soyez, dans Epinal, un excellent lettré français, mais je vous aime surtout d'être, dans la littérature française, un Lorrain caractérisé. Votre livre a l'accent de chez nous.

Vous dégagez, vous enrichissez le sens des paysages spinaliens. Une telle piété pour votre ville et pour notre nation vous a porté bonheur. Vous n'aurez pas connu l'isolement des écrivains qui débutent. On laisse glisser à l'oubli des centaines de livres édités chaque semestre, non que la facture en soit mauvaise, mais parce qu'on ne voit pas ce qu'ils prouvent ; ils manquent de portée. Vous vous êtes tout de suite aperçu que vous aviez une sensibilité lorraine et vous l'avez laissée s'exprimer. Comme vos précédentes *Histoires lorraines*, le livre que voici a de l'âme et nous documente. Heureux auteur, dès votre premier pas, vous eûtes votre raison d'être.

Notre cher aîné et compatriote Theuriet a bien marqué dans ses *Souvenirs*, gloire moderne du Barrois, le malaise d'un jeune écrivain qui cherche en dehors de lui des choses belles, originales ; il demeure stérile, va tomber dans le bizarre et dans les imitations. « Je résolus, dit Theuriet, de ne peindre que les milieux où j'avais vécu, et de rendre les impressions reçues, très simplement, très sincèrement, en cherchant à faire passer directement mes sensations et mes émotions dans le cœur du lecteur. » Voilà tout le secret de la production artistique. Il faut que nous sachions distinguer en nous et puis rendre sensible aux autres ce qui nous est le plus naturel. « Je souhaitais, continue Theuriet, qu'on retrouvât dans mes personnages l'air natal qu'ils respiraient, les paysages dans lesquels ils vivaient, le parfum provincial et forestier qui les imprégnait.

Surtout, je désirais donner à mes récits les qualités françaises : du naturel, de la simplicité, de la limpidité; je voulais qu'on n'y sentît ni déclamation ni rhétorique; qu'ils rappelassent, en un mot, par l'allure, par la langue et aussi par une pointe de mélancolie rêveuse, les chansons populaires de nos vieilles provinces. »

Après Theuriet, écoutons une autre voix illustre de notre Lorraine, les très connus, mais tout de même méconnus Erckmann-Chatrian. On venait de donner une grande fête populaire et officielle à Lunéville, en l'honneur du vieil Erckmann qui, bientôt, allait mourir. Le poète Emile Hinzelin lui fit une visite. Erckmann était content, mais il craignait un peu qu'il n'y eût eu la veille quelque chose de concerté, d'artificiel. Etait-ce bien vrai jusqu'au fond, ces hommages ? Et il disait avec une modestie un peu triste :

— Ah ! si au lieu d'être élevé parmi les gens simples, loin du grand monde, j'avais été mêlé à toute la fleur de l'élégance intellectuelle! alors, j'aurais peut-être...

Bon! voilà qu'Erckmann voudrait, comme cette Louise de Vaudémont, née à Nomeny, avoir l'accent parisien! Vous entendez que c'est une feinte, une manière de tâter Hinzelin. Celui-ci le rassure :

— Dans votre *Mattheus*, dans votre *Fritz*, dans votre *Thérèse*, rien n'a bougé, mon cher maître.

Alors le vieillard, mis en confiance, s'expliqua :

— J'aime les contes, je les aime mieux peut-être que le roman. C'est très supérieur par la condensation. Celui de mes livres que je préfère, ce sont les *Confidences d'un joueur de clarinette*.... Chaque auteur qui doit réussir, après avoir balancé, discuté, rencontre un sujet qui est le bon, qui est le vrai, qui est le sien. J'ai eu tant de plaisir à écrire le *Docteur Mattheus* que j'ai compris que c'était bon. Jamais je n'ai écrit aussi facilement, aussi involontairement. Je ne portais pas mon travail ; il me portait. Cela allait tout seul, dans la joie, dans l'abondance. Il me semble que voilà les signes de la vérité ; elle s'impose à nous, elle nous conduit en nous enchantant.

Et le vieil Erckmann continue par ces indications très simples, excellentes, qui confirment Theuriet :

— D'abord, n'écrire jamais que pour soi. On ne fait rien de bon quand on écrit en se demandant : « Est-ce que ceci plaira à l'un, déplaira à l'autre ? » Qu'est-ce que cela fait, l'avis de l'un ou de l'autre ? L'unique affaire, c'est de se plaire à soi-même. Pas même ! *c'est de dire ce qu'on a dans le cœur pour le contentement de son cœur.*

Cher monsieur René Perrout, quand pour vos débuts littéraires vous contentez votre cœur, vous êtes mieux qu'un heureux artiste qui se trouve, vous collaborez à de beaux efforts français et lorrains.

C'est en utilisant la matière poétique des

provinces françaises qu'on obviera à l'abaissement momentané de la production parisienne. Paris devient un casino cosmopolite. Mais en province vivent toujours les sources de notre classicisme. Les provinces sont de la France moins encombrée que Paris. Nous y trouvons une solitude qui nous laisse méditer et des formes positives qui nous empêchent de divaguer. C'est là que nous saurons le mieux réaffirmer la grandeur de tout ce qui est grand et la petitesse de tout ce qui est petit.

Au cours du XIXe siècle, on rêva de se disperser, de comprendre tous les siècles et tout l'univers. On avait rompu les digues, on se répandait sur le monde. Je crois à la nécessité d'une réaction. Nous nous sommes trop soumis à des influences disparates. Il est temps de rentrer chez nous et que nous reprenions quelques pensées profondes, innées, si j'ose dire. Le problème artistique n'est pas tant de s'étendre en superficie que de se cultiver en profondeur.

Nul homme n'est fort que le jour où il reconnaît enfin ses limites. Et qu'il les connaisse, c'est peu ; il faut encore qu'il les aime. Il s'agit que nous prenions un juste sentiment de nous-même, une proportion exacte entre nos ambitions et nos facultés. Il s'agit que nous voulions être ce que nous sommes. Les Muses se réjouissent chaque fois qu'un homme bien né se souvient et s'éprend du fond de son être, qui représente sa valeur réelle.

Permettez-moi de mettre sous vos yeux le plus magnifique des textes que j'aime à méditer. C'est une vieille page d'où se lèvent des réflexions à l'infini :

« — Que puis-je faire, disait Epictète, moi, vieux et boiteux, si ce n'est de chanter la gloire de Dieu ? Si j'étais rossignol, je ferais le métier de rossignol ; si j'étais cygne, celui d'un cygne ; je suis un être raisonnable : il me faut chanter Dieu. Voilà mon métier et je le fais ; c'est mon rôle, à moi, que je remplirai tant que je pourrai, et je vous engage tous à chanter avec moi. »

Il s'agit pour chaque homme heureusement doué d'apercevoir sa spontanéité, de discerner ce qui fait en lui-même de la musique. Le chant lorrain, un moment recouvert, semble réapparaître ; c'est une musique pleine des jours lointains où les peuples qui forment la France n'étaient pas encore liés.

Il y a une tendance très marquée, en ce moment, chez les Lorrains, pour se comprendre comme des Lorrains et pour se soustraire à la confuse agitation des esprits.

On ne songe pas à ressusciter ce qui est mort ; mais sur beaucoup de points on pense encore en Lorraine comme les ancêtres et tout au moins on respecte ce que ces morts vénérés respectèrent.

S'il ne manque pas, autour de nous, de Lorrains qui aiment la Lorraine, chacun d'eux, cependant, la conçoit à sa vague manière. L'utilité d'un beau livre serait de fixer la foi au milieu de tant d'incertitudes.

Notre terre attend qu'un homme la vivifie, lui donne une voix. Depuis la création de nos plaines et de la Vosge, notre Lorraine élance des hymnes; la montagne, le plateau, la forêt, les étangs, les cultures nous font entendre une puissante harmonie; mais on voudrait qu'un poète y mêlât une juste mélodie, le cri d'amour, le vœu de cette terre.

Il n'existe pas une poésie écrite qui satisfasse complètement notre âme, qui nous dise ce qu'entend chacun de nous, s'il se replie vers les jours de son enfance, ou s'il écoute ses plus hautes fiertés secrètes. Qui donc enfin sera notre Walter-Scott, notre Mistral, notre Dante? Une des plus belles lyres du monde repose dans les ruines de la tour de Brunehaut, à Vaudémont. Qui voudra saisir et faire sonner cette muette?

La jeune école des écrivains et des artistes lorrains a pris conscience de ce besoin.

Votre œuvre, cher Monsieur Perrout, est un clair témoignage lotharingien. Je vous félicite d'émouvoir l'amour-propre des Mosellans. Nous devons élever une sépulture d'honneur à nos hommes illustres et ne pas laisser méconnaître nos grandes époques. Il serait urgent, d'abord, qu'on écrivît un Plutarque lorrain, et, deuxièmement, que l'on donnât aux enfants une petite histoire de Lorraine mettant bien en saillie l'éternel service rendu par notre nation à la France et puis à la Latinité.

Assurément les riches gallo-romains qui fondèrent nos grandes villes et nos villages, les ducs qui nous employèrent comme une digue contre le flot de la Réforme, nos politiques qui nous soumirent à la suprématie de Paris, nos pères, enfin, qui servirent en masse dans les armées de la Révolution et de l'Empire, n'étaient point des poètes, mais c'est sur leurs fortes assises que s'appuiera le cycle poétique lorrain.

Nos sociétés savantes et l'Université de

Nancy nous rassemblent des documents qu'anime l'intuition des purs artistes. Ligier Richier, Callot, Claude Gelée, Grandville font éclater avec splendeur les plus profonds secrets de notre peuple. Et puis on recueillera tout ce qui vit encore de la Lorraine primitive, indigène, et qui s'exprime avec spontanéité chez les jeunes gens et chez les ruraux.

Si je suis à ma table de travail, il n'y a que mon cerveau qui aime ma Lorraine : je raisonne, j'intellectualise, je suis plongé, noyé dans les thèses, c'est-à-dire dans un pur néant. Des formules ne donnent rien, parce que, aussi bien, elles ne contiennent pas ce qui seul importe, l'ineffable. Mais voici que je vais à la promenade ; l'air doux me baigne, l'horizon vert rafraîchit mes yeux ; de tout mon corps je me conforme à mon pays ; je cesse de systématiser : je suis maintenant une plante indigène, heureux, joyeux, intéressé par tous mes sens. La Lorraine plaît à nos sens comme la sagesse de son histoire plaît à notre intelligence.

Me sera-t-il permis d'indiquer une fois de plus une strophe du poème, une facette du diadème que l'on pourrait tailler et monter à la gloire du génie encore obscur de l'Austrasie. Ce diadème de notre génie repose comme un diamant brut dans la profondeur des faits meusiens, mosellans et rhénans

Sans me lasser, je me répète que Chopin naquit d'un Lorrain et d'une Polonaise, Hugo d'un Lorrain et d'une Bretonne, Claude Gelée d'une longue suite lorraine. On nous croit l'âme glacée, moqueuse. C'est qu'on nous juge sur la discrétion de notre cœur. Mais un écrivain, un peintre et un musicien, les plus chargés de poésie qu'il y ait en France, vivent de nos manières de sentir. Nos deux princesses malheureuses, Marie-Stuart et Marie-Antoinette, passent en romanesque toutes les héroïnes, et ne cèdent elles-mêmes qu'à la sainte gloire de Jeanne. Ainsi notre orgueil se satisfait silencieusement à constater que notre eau souterraine alimente les plus fameuses nappes de la vie héroïque.

La nationalité lorraine a cessé d'être un fait politique; elle demeure une manière de réagir qui s'exprime dans une succession indéfinie d'actes familiers ou glorieux et qui ne se résume pas plus dans une formule ou dans un programme que le fait d'être un bon fils.

Ma pensée participe de cette Lorraine éternelle. Ce n'est point par mon caprice. Ma pensée ne peut se mouvoir que selon certaines nécessités physiques, discernables ou non, qui sont presque toutes lorraines. Un Michelet et ses fanatiques élèves désirent, prétendent m'affranchir de ces « fatalités ». Je hausse les épaules; ils me font sourire et bientôt me remplissent d'horreur. Veulent-ils donc anéantir ma pensée ?

Injuste Michelet! Ce fils d'un imprimeur parisien se glorifia toujours de devoir à Paris son génie; pourquoi veut-il que je renie mes sources rurales, ma petite ville, ma classe et ces propriétaires terriens nos aïeux? Il les a pourtant un jour ressenties, les forces terriennes qui nous règlent et qui président à toutes nos résolutions; il raconte quelque part que c'est dans la forêt des Ardennes, à Renwez, qu'il a senti s'éveiller sa vocation d'historien. Nous sommes tout près de lui élever un petit autel commémoratif à Renwez, mais qu'il cesse de vouloir renverser nos divinités locales.

J'ai fait mon âme en respirant les quatre saisons de Lorraine, et c'est justice si mon âme, sur le champ natal, relève l'effigie des dieux autochtones.

Comme un fruit ayant atteint sa maturité retombe au sein de la terre qui le produisit, il faut que mon esprit mûri enrichisse la terre lorraine.

Mon intelligence pourrait s'intéresser ailleurs, mais ailleurs mon cœur s'ennuie. Je ne saurais longtemps vagabonder d'esprit ; je me replie sur ma Lorraine pour être en paix avec mon cœur.

Cher monsieur Perrout, votre livre s'écrie par toutes ses pages : « Vive la Lorraine ! » Qu'est-ce qu'un tel cri ? C'est un souvenir et des espérances, des antipathies et des amitiés. Je ne connais de vous que vos livres ; nous ne nous sommes jamais entrevus ; mais à cause de ces profondes amitiés communes, laissez-moi me dire

Votre ami,
MAURICE BARRÈS.

Devant l'Idole

A M. Maurice Barrès

Devant l'Idole

Mars 1904.

Ce matin, je gravis la rampe qui mène au vieux Château. Je vais y méditer, à ma coutume, en la manière que la petite Bérénice s'abandonnait aux rêveries tendres dans le musée du roi René.

De la plate-forme où s'élevait jadis la tour du Voué, je promène lentement mon regard sur la ville qui se déploie à mes pieds.

Les maisons s'entassent, pareilles à des jouets assemblés pêle-mêle et sans rythme. Les toits de tuiles et d'ardoises, les murs blancs, brunis ou grisâtres, mêlent leurs couleurs égayées de soleil et des bouquets d'arbres, transis à cette heure, émergent parmi les toitures.

Les demeures sont nombreuses dans la vallée étroite. Il semble que d'une poussée elles aient rompu la ceinture de murailles qui étreignait la ville dans les temps héroïques et qu'à la ronde elles escaladent, libres et allègres, les collines riantes.

Au centre de la cité, l'antique collégiale développe son abside et son transept gothiques, flanqués de deux tours rondes et sveltes, sa nef et son clocher carré comme le donjon d'une forteresse. Aujourd'hui le clair soleil qui luit dans le ciel laiteux met sur les vieux murs des reflets roses, des teintes caressantes et douces. Je songe qu'autrefois la bonne ville se pressait, paisible et confiante, autour de son église, comme les ouailles se serrent autour de leur pasteur. Je vois les chanoinesses qui se glissent le soir, comme des ombres, par le petit portail et qui vont psalmodier dans la grande nuit étoilée de la lumière des cierges. Je vois la foule des bourgeois qui s'engouffrent par le grand porche aux dentelles de pierre, vêtus de costumes bariolés, alertes et joyeux. Je les vois dans la nef qui prient dévotement saint Goëry et qui s'étonnent avec simplicité des belles cérémonies.

Je revois tout le passé. En 1650, des soldats lorrains, régalés de pain, de fromage et de vin, munis de poudre et de plomb, s'établirent au faîte de la tour rose coiffée d'un toit gris. Et, de ces meurtrières qui me regardent encore, ils surveillèrent la garnison française du Château, durant que les troupes du major Lhuillier donnaient l'assaut par les barbacanes du faubourg d'Ambrail.

A ce moment, les cloches de l'Eglise répandent dans l'air calme leur voix de bronze et les ondes m'en adviennent lentes et graves.

Il me souvient qu'à cette voix les bourgeois sortaient de leur logis et s'en allaient affairés en la maison de ville où se tenaient les Assemblées du Conseil.

Quand l'orage montait lourdement, comme un flot noir, dans le ciel obscurci, quand la tempête déchaînée ébranlait les toits, tordait les arbres, hurlait dans les cheminées, les cloches, mises en branle, mêlaient leurs mugissements à ceux de l'ouragan. C'était la clameur de la cité.

La cloche modulait tous les actes de de la vie communale. Tutélaire et prudente, elle annonçait l'approche de l'ennemi, elle commandait la fermeture quotidienne des Portes ou la mise en défense. Quand les Français prenaient Epinal, ils s'emparaient des clefs, qui ouvraient les portes de la cité, et des cloches, qui en étaient le symbole. Et les Spinaliens, fidèles à leurs cloches symboliques, en payaient la rançon.

Je pense à tout cela tandis que les ondes glissent dans l'air limpide. J'entends des voix mystérieuses qui montent du passé lointain, comme d'un abîme profond, et tintent longuement à mon oreille. C'est la chanson des cloches. Il faut plaindre les hommes ignorants et vains qui ne la comprennent pas et ne s'en émeuvent plus.

D'aventure mon regard se pose sur une petite maison, modeste et chétive, comme une pauvre aïeule. Elle a connu les ancêtres, car elle est très vieille. Elle a vu beaucoup de choses, grandes ou frivoles, heureuses ou tristes. Elle a de beaux secrets que je devine, que je lis dans ses pierres, qui s'échappent de ses cheminées avec la fumée bleue. C'est pourquoi je l'aime, malgré son aspect rude, son toit affaissé, ses murs lépreux et sales, ses fenêtres bistournées, ses lucarnes étroites. Je l'aime bien plus que ce pignon orgueilleux que j'aperçois là-bas et qui abrite sans doute quelque Scythe (1).

Vers l'amont, sur la rive gauche de la Moselle, trois croupes s'avancent pareilles à des promontoires. Dans une buée d'or et la lumière rose, les collines bleuâtres semblent d'énormes sphinx accroupis qui regardent, majestueux et immuables, couler la claire rivière.

Puis le cirque s'arrondit et une ligne brumeuse ferme l'horizon dans un poudroiement de soleil. Là est la vieille forêt qui se vêt, dans les beaux jours, de bruyères, de myrtilles, de digitales, d'oxalis et de fougères, où les sapins noirs et les pins argentés versent leurs parfums balsamiques, où les fontaines vives chantent invisibles et fuient au travers des mousses et des herbes, où les roches

(1) Renan. Souvenirs d'enfance et de jeunesse. « Toute noblesse a disparu. Les Scythes ont conquis le monde. »

moussues et suintantes aux formes étranges surgissent du sol feutré d'aiguilles rousses, où les souvenirs et les légendes foisonnent, comme les êtres fabuleux peuplaient les bois antiques.

A droite, dans la large plaine, la Moselle étale sa nappe brillante, comme si, affranchie de l'étreinte des murs qui l'enserrent, des quais où elle se traîne, elle reprenait enfin son cours épanoui et libre. Et le lointain se fond dans un brouillard léger.

Derrière moi, à la cime du mont, une haute muraille ruinée apparaît à travers les branches qui la masquent à demi. Les mélèzes roussâtres, les bouleaux graciles au tronc blanc, aux branches retombantes, les chênes noueux, les lianes qui s'enlacent aux rameaux dépouillés et pendent comme des chevelures, lui font un décor mélancolique qui sied à la tristesse des ruines. Il semble que la mort ait glacé les arbres comme elle a rongé les pierres.

Jadis, quand le donjon découpait dans la nuit sa massive silhouette, quand une lumière brillait à la fenêtre du guet, l'on eût dit un gros œil de feu qui veillait au milieu du ciel noir. Cependant la ville dormait en paix.

Les bourgeois aimaient leur forteresse qui était leur sauvegarde. C'est là que, menacés dans leur vie et dans leur liberté, ils serraient leurs chartes précieuses ; c'est là que, refoulés par l'ennemi et chassés de leurs murailles, ils se retranchaient opiniâtres ; c'est là que, à l'abri des remparts fidèles, ils livraient le dernier combat et tentaient la résistance suprême. Et la ville n'était vaincue que quand le château, réduit de ses énergies, refuge de ses espérances, avait noblement succombé.

Le Château a eu ses gloires et ses revers. Aux heures de fortune comme aux temps de détresse, il a connu les hôtes les plus illustres. Les évêques de

Metz, les ducs de la bonne Lorraine et de la Bourgogne hostile, le roi de France même ont franchi son seuil et hanté la rude demeure. Les Spinaliens, garnis de leurs harnais d'arme, les troupes de Lorraine et les soldats de France, enfermés dans son enceinte, ont éprouvé sa vaillance. Les princes ont passé, comme les années fuient, comme les fleuves s'écoulent, comme les feuilles tourbillonnent au vent qui les emporte. Seules les vertus spinaliennes, la noblesse du cœur, la fière indépendance, ont demeuré, plus fermes que les remparts construits par la main des hommes.

La haute muraille grise, que les arbres me cachent de leurs bras effeuillés, me dit ces choses émouvantes. Dans cette terre consacrée les souvenirs fermentent, ils s'en exhalent troublants, comme les vapeurs montaient de l'antre prophétique.

Alors, selon la parole du maître, je

pense que « le commerce des âmes est la plus grande et la seule réalité » ; je me berce aux fantaisies du rêve ; je crois à la bonté des hommes qui ne sont plus, à la poésie des choses défuntes dont les vestiges subsistent. Et, comme Renan sur l'Acropole, sur cette colline sainte, sur ce sol anobli, je me prendrais à faire une prière à l'âme de la cité morte.

Cependant un vol de bouvreuils s'abat près de moi, à la cime d'un arbre dépouillé et doucement, dans le ciel pâle, les oiseaux poussent leur plainte flûtée.

La Fontaine de Sainte-Barbe

A M. André Theuriet,
de l'Académie Française.

La Fontaine de Sainte-Barbe

A la fin de l'année 1637, dans les premiers jours du mois de novembre, le régiment lorrain des chevau-légers prit ses quartiers d'hiver en la ville d'Epinal. Et il advint qu'un jeune officier, nommé des Lauriers, qui avait rang de cornette et qui était gentilhomme, fut logé par son billet dans la maison de Claude Aubert.

Maître Claude Aubert était un bourgeois des plus notables. Il avait conduit fort habilement son commerce de drapier et s'y était enrichi. C'est pourquoi il habitait, en la place du Poiron, une belle maison aux fines sculptures et, jouissant de l'estime qui accompagne toujours le succès, il siégeait avec importance au conseil de la ville. Maître Claude avait une fille, Catherine, et il avait coutume de dire que Catherine, aussi belle que sage, était son bien le plus précieux.

Des Lauriers ne laissa point de distinguer la jeune fille. Il s'éprit de sa grâce et résolut de la séduire, comme on cueille par caprice une fleur charmante pour la rejeter flétrie. Ainsi les gens de guerre sont vains et hardis.

En vérité, des Lauriers mena si bien sa cour, il disposa si ingénieusement ses rets subtils qu'au bout de peu de jours le cœur de la candide Catherine s'y trouva bellement pris.

Quand le chevau-léger s'en allait par la ville, la tête haute, la moustache fièrement relevée, faisant sonner ses éperons et pressant la garde de son épée, son habit aux vives couleurs éclatant au clair soleil et la longue plume de son feutre frissonnant au vent léger, Catherine ne se tenait point d'admirer le galant cavalier. Lors, elle éprouvait un frémissement délicieux et coulait vers le cornette un regard plein de langueur.

Dans les veillées, quand les flammes, qui voltigeaient dans la haute cheminée, éclairaient faiblement la chambre obscure et projetaient le long des murs leurs reflets vacillants, quand la famille de maître Claude Aubert se trouvait réunie autour du foyer tranquille, des Lauriers commençait de narrer ses campagnes. Il disait les rudes fatigues de la guerre, les âpres combats qu'une poignée de Lorrains livrait à des ennemis nombreux comme les flots de la mer, le courage et l'habileté du Duc intrépide, les cruautés des Suédois barbares. Maître Claude Aubert l'écoutait avidement, et Catherine contemplait avec orgueil le soldat qui avait accompli ces grandes choses et faisait simplement de si nobles récits.

Puis, quand maître Claude et son épouse, engourdis par le calme des choses, bercés par les mouvements rythmés des flammes agiles et la voix du conteur, s'étaient enfin assoupis, la voix du chevau-léger se faisait harmonieuse, ses yeux, où tout à l'heure des lueurs passaient, se posaient doucement sur le pur visage, les blonds cheveux ondés, le corps gracieux de la jeune fille et l'enveloppaient toute d'un regard caressant. Alors, des Lauriers prononçait des paroles tendres et flatteuses et Catherine, silencieuse et souriante, se laissait aduler, accueillait ces blandices, comme une belle statue de déesse reçoit les fumées de l'encens. Rentrée dans sa chambre, elle attendait longuement le sommeil qui fuyait ses paupières. Elle roulait dans sa tête des pensées amoureuses et son cœur agité battait follement dans sa poitrine. Elle revoyait le jeune homme en extase et comme fasciné, plongeant ses yeux dans les siens, mêlant son âme à la sienne. Elle entendait sa voix qui lui semblait suave comme une musique céleste. Elle lui savait gré de dire si joliment des choses si douces et si galantes qu'elle n'avait jamais ouïes et qui lui causaient un trouble exquis.

Ou bien, le sommeil venu, le cornette lui apparaissait dans un rêve, chevauchant, l'étendard au poing, à la tête de son escadron et, parmi le fracas des canons et des mousquets, les cheveux au vent, les joues vermeilles, chargeant les Suédois. Elle se réveillait eu sursaut, palpitante de fierté et d'émoi, mais angoissée et les yeux mouillés de larmes soudainement.

Catherine aimait des Lauriers.

Quelques voisins s'en étant avisés,

toute la ville en fut avertie. Les hommes, prudents et réservés, en chuchotaient avec des mines inquiètes, des airs graves et des grimaces malicieuses. Les commères, les paumes sur les hanches et les coudes en bataille, feignaient l'indignation et criaient au scandale. Elles prononçaient avec éclat que maitre Claude manquait de clairvoyance et d'esprit, qu'il était sottement la dupe de deux effrontés ou bien — qui le savait? — leur impudent complice.

Les commères avaient tort, comme toujours. En vérité, l'âme de Catherine gardait la pureté du cristal et la fraîcheur des lys. Seulement, son cœur s'était ouvert chastement à l'amour, comme une fleur éclot au soleil.

Habitué aux triomphes faciles et aux promptes conquêtes, des Lauriers s'étonna de tant de grâce innocente. A l'épreuve d'une vertu si tenace, comme à une flamme très pure, son audace se fondit. Pieusement, le gentilhomme vénéra la petite bourgeoise comme une idole sainte. Quand, au bout de peu de temps, il la demanda en mariage, sa démarche ne surprit personne. Maître Claude Aubert s'en déclara flatté et l'accueillit sans détours. Et des Lauriers baisa tendrement la main que lui abandonnait sa douce fiancée....................

Il y avait, proche Epinal, au milieu des bois, un oratoire voué à sainte Barbe et près de l'oratoire une petite fontaine. Les jeunes gens de la ville, garçons et filles, qui inclinaient au mariage, s'en venaient le dimanche confier à la sainte leurs désirs amoureux. Ils jetaient des épingles dans la fontaine et, selon que les épingles coulaient à pic ou glissaient obliquement vers le fond, ils connaissaient que leurs épousailles auraient lieu dans l'année ou qu'elles seraient différées. Et les oraisons montaient reconnaissantes et joyeuses quand sainte Barbe accordait un présage favorable, suppliantes et déçues quand l'oracle n'était pas propice.

Catherine Aubert était dévote. Elle avait une grande foi dans le pouvoir et la bonté de sainte Barbe. Chaque jour, dans le mystère de sa chambrette et le secret de son cœur, elle l'avait suppliée de permettre que le beau cavalier devînt son époux. Même, pour plus de sûreté, elle lui avait promis un pot de cire, si elle entendait sa prière. Ainsi les hommes intéressés et cupides prêtent aux saints leurs propres faiblesses.

Catherine ne douta point que la bonne sainte l'eût exaucée. C'est pourquoi elle résolut de lui marquer sa gratitude et de lui porter l'offrande promise.

Un dimanche du mois de juin, Maître Claude Aubert et son épouse, Catherine et des Lauriers s'en furent de compagnie vers la chapelle de Sainte-Barbe.

A la lisière du bois, ils cheminèrent parmi les sapins noirs dont les fûts innombrables et nus semblent une forêt de lances. Ils longèrent la petite vallée sinueuse où chante un clair ruisseau. Sur les prés déjà verts, les blanches anémones répandaient la neige de leurs corolles et les soucis d'eau semaient des gouttes d'or. Quelques nuages, pareils à des flocons de ouate, glissaient lentement dans l'azur limpide. La terre baignée de soleil fermentait, les bourgeons s'entrouvraient, le taillis se couronnait d'une tendre verdure, comme d'une mousse légère, la résine suintait des pins, le long des troncs roux. Et de toutes ces choses s'exhalait une buée odorante.

Les oiseaux, enivrés de soleil et d'amours printanières, emplissaient la forêt de leur chant, et le coucou invisible lançait sa double note lointaine.

Catherine et des Lauriers s'avançaient

les premiers dans la fête des choses. Catherine s'abandonnait mollement au bras de son fiancé, enveloppante et flexible comme une liane; ou bien elle sautillait alerte et joyeuse comme une mésange. Maître Claude Aubert, portant le pot de cire, et Barbe, sa digne épouse, suivaient les amoureux. Ils allaient, la démarche plus grave, et leur honnête figure rayonnait de plaisir et d'orgueil.

Soudain, à un détour du chemin, au fond de la vallée étroite, les pèlerins atteignirent la demeure de l'ermite. C'était une hutte chétive de branchages et de chaume, surmontée d'une croix de bois. Non loin de l'ermitage, au flanc de la colline, une roche saillait, grossièrement taillée en forme de prie-Dieu. C'est là que l'ermite venait s'agenouiller chaque jour. Au milieu de la nature, parmi les fougères et les bruyères fleuries, il chantait les hymnes d'allégresse. Ou bien, le front touchant la terre, les lèvres baisant le rocher, il s'abîmait dans la prière. Ainsi les païens, sur des autels agrestes, parés de guirlandes et de fleurs, célébraient le culte du dieu Pan.

Le saint homme reçut les visiteurs au seuil de sa cabane et les accueillit avec bonté. La gentille Catherine lui présenta le pot de cire et lui expliqua simplement la cause de son offrande. Et l'ermite affirma que, dans le ciel, sainte Barbe, satisfaite de l'hommage, souriait à la jeune fille et que ses bénédictions étaient sur elle.

Cependant, le regard de Catherine s'était posé sur la petite fontaine dont les eaux vives sourdaient avec un murmure du pied de la colline. Elle eut l'idée d'y jeter une épingle. Elle se dit curieuse d'éprouver la sagacité de l'oracle et la vérité de ses prophéties.

Des Lauriers, qui avait peu de foi, s'étonna de ce dessein qu'il jugea singulier. Il se moqua, disant que l'oracle n'aurait point de mérite à deviner ce que tous les bourgeois savaient aussi bien que lui. Puis, Catherine s'obstinant dans son caprice, il devint soucieux tout à coup et dit d'une voix inquiète :

— Catherine, n'allez-vous point offenser sainte Barbe ?

Déjà Catherine avait tiré une épingle de son corsage et, d'un geste espiègle, elle l'avait laissée choir dans la fontaine.

Et voici que l'épingle glissa obliquement vers le fond, lançant un reflet métallique, comme le poisson agile blanchit en virant dans l'eau claire. L'oracle n'était pas favorable.

Catherine pâlit et un nuage de tristesse se répandit sur son joli visage. En vain des Lauriers tenta de la rassurer. Il dit que sainte Barbe n'avait daigné répondre, qu'elle ne prenait souci d'une affaire conclue, qu'au demeurant les saints ne sont pas toujours graves et qu'il advient qu'ils plaisantent. Catherine ne l'entendait point et son visage demeurait assombri. Lentement, elle s'éloigna de la fontaine et pria qu'on reprît le chemin de la ville. Et, le long de la route, elle parut morne et agitée de noirs pressentiments.

. . . .

Dans les derniers jours du mois de septembre, le régiment des chevau-légers quittait Epinal et rejoignait la petite armée lorraine qui devait, commandée par le Duc en personne, tenter de secourir la ville de Brisach. Le 14e du mois d'octobre, les soldats de Charles IV rencontrèrent, à plusieurs lieues de Thann, les troupes du duc de Weymar. Au premier choc, la cavalerie lorraine fut prise de panique et s'enfuit en désordre. Quarante cavaliers, sans plus, demeurèrent aux côtés de leur Duc et soutinrent le combat avec lui.

Des Lauriers fut l'un des quarante braves. Dans une charge, qui dégagea M. de Bassompierre désarçonné et entouré d'ennemis, il reçut au travers du corps une grande arquebusade qui l'étendit raide mort.

L'épingle prophétique n'avait pas menti. La pauvre Catherine ne célébra point ses noces en l'année 1638. Elle ne les célébra jamais. Car, de ce temps, elle prit l'habit des veuves qu'elle ne quitta plus.

L'Abbaye de Chaumousey

A M. le Comte Ducos.

L'Abbaye de Chaumousey

Si vous avez le goût des choses du passé, si vous avez de l'amitié pour les fantômes, je vous conseille de visiter la cense de l'Abbaye, proche le village de Chaumousey. En quittant le village et à quelque distance, vous gagnerez une étroite vallée environnée de forêts. Là les eaux de l'étang de Bouzey viennent mourir doucement au pied d'un tertre et les berges sablonneuses s'étendent à perte de vue. Çà et là, des touffes de genêts sèment des taches sombres sur la teinte claire et unie des rives. Sur le tertre, quelques vieilles demeures forment un groupe paisible et dans les jardins, enclos de petits murs, les grands chênes tordent leurs bras noueux. Quand le soleil de mars baigne d'une pâle lumière les murs des maisons, quand le vent léger ride la face de l'eau, quand le vaste silence descend des bois transis, emplissant la vallée, il n'est point de retraite plus charmante pour y conduire son rêve. Et les rares habitants, silencieux et tranquilles, ne troublent point la paix mystérieuse des choses.

En ce lieu, une abbaye riche et fameuse fleurissait autrefois. Hélas ! l'ancienne abbaye n'est plus. Le temps, qui détruit tout, a accompli son œuvre. En vérité, les révolutionnaires l'y ont beaucoup aidé. Et les pierres, usées et rongées par l'âge, se sont écroulées sous les coups stupides des fanatiques.

A peine découvre-t-on quelques vestiges de l'antique demeure. Ici une porte double, aux frontons ornés de mufles et de palmes, des colonnes et un cordon massifs sont encastrés dans le mur d'une maison. Là un ample édifice, de belle allure, percé de larges fenêtres, a été démoli à moitié de sa longueur et prolongé par une bâtisse agreste, au toit bas. Dans le grand bâtiment une salle gothique, voûtée sur croisée d'ogive, est intacte et sert de cuisine à cette heure. Quand j'y pénètre, entre les vieux murs où flotte la pensée séculaire, un vieux laboureur épluche des légumes.

L'abbaye a été fondée au XIe siècle par un religieux, nommé Seherus ou Sehère. Ce moine était plein de sainteté. C'était aussi un habile homme. Il gagna l'affection de personnes pieuses et magnifiques qui lui firent des dons considérables. Et quand il eut de la sorte acquis de grandes richesses, il sut bien les défendre contre les convoitises. Il triompha de la malice des hommes par la force de sa vertu. Il a fait le récit de ses travaux féconds et de ses luttes vaillantes dans une belle chronique qui nous a été heureusement conservée. J'ai lu cette chronique avec émotion et voici comme je l'ai à peu près retenue.

En ce temps-là, Seherus ou Sehère menait en un lieu dit le Châtelet, proche Remiremont, la vie monastique. Avec quelques compagnons avides de sainteté, il vivait sous la discipline d'un vénérable prêtre, appelé Anthénor. Le saint homme Anthénor abondait en mérites. Par lui, Seherus apprit à goûter les délices de la méditation solitaire, à éviter les périls et les naufrages du monde, surtout à dépouiller sa volonté, source de tout désir et de toute misère, enfin à louer Dieu par les gémissements de la pénitence, comme par une délectable harmonie. Seherus et ses confrères avaient coutume de dire qu'ils accomplissaient un stage glorieux, en attendant que, touchés par la grâce, ils fissent élection d'un habit, d'une règle et d'un patron à qui ils se pussent dédier. Un jour, le saint homme Anthénor, ayant atteint le terme de sa vie terrestre, s'endormit dans le Seigneur. Et son âme vola vers le séjour des bienheureux et des justes, à ce que crurent ses disciples.

Les moines, connaissant la vertu de Seherus et combien sa parole était éloquente et son exemple édifiant, le choisirent pour leur chef. Et Seherus, avec une grande modestie, se déclara indigne de cet honneur qu'il accepta néanmoins dans un esprit de sacrifice. A l'abri de sa prudence, les moines continuèrent de se plonger dans le renoncement et la contemplation béate, laissant à leur bon maître le soin de conduire leurs intérêts temporels. En quoi ils furent sages, comme les événements le prouvèrent par la suite.

La renommée de Seherus et de sa compagnie se répandit dans toute la contrée. Et l'excellence de son enseignement lui attira beaucoup d'adeptes. Ainsi fut fondé, au Châtelet, un ordre monastique, qui fut placé sous l'invocation de saint Augustin et dont les membres devinrent bientôt fort nombreux. Mais, si les âmes s'épandent librement dans le champ de l'esprit qui n'a point de limites, l'espace, séjour des corps, est au contraire mesuré et fini. C'est pourquoi les religieux du Châtelet, pressés comme abeilles en essaim, ou harengs en caque, se trouvèrent bientôt à l'étroit dans l'humble monastère. Ils sentirent le besoin d'en construire un autre. Mais, comme leur foi, leur pauvreté était immense. Heureusement, dans le Ciel, Dieu ne les oubliait point.

Il y avait en Lorraine un bon seigneur, du nom de Thierry. Thierry possédait de grandes richesses, mais de toutes ses richesses la plus belle et la plus précieuse c'était sa douce épouse Hadevide. Et Seherus dit : bien qu'elle fût mariée et riche en ce monde, néanmoins, la bonne dame pratiquait la vertu et protégeait les hommes qui marchent dans la voie du bien. Car il est vrai que la grâce était sur elle. De plus, elle avait une grande influence sur son époux, comme il advient de coutume dans les unions stériles. La douce Hadevide pria Thierry de choisir dans ses terres ou alleux un endroit favorable, et de le donner à Seherus et à ses confrères. Elle lui remontra que, à défaut d'enfants de leur corps et de leur race, ils devaient laisser des héritiers de leur âme. Elle expliqua qu'ils ne pouvaient les choisir plus dignes que Dieu même et ses serviteurs. Surtout, elle représenta qu'ils assureraient de la sorte le salut de leurs âmes. Il n'en fallait point tant pour que Thierry, qui était docile et bon, l'entendît. Par l'entremise d'un clerc nommé Ascelinus, Thierry manda aux moines du Châtelet qu'il leur baillait une terre à Chaumousey, où ils pussent édifier leur monastère. Bien qu'il fût ami de la pauvreté, Seherus considéra que cette aubaine ne pouvait venir que du Ciel, et il ne repoussa point l'offre du bon seigneur. Toutefois, parce qu'il était plein de prudence, il suspendit sa réponse et réserva qu'il visiterait d'abord la terre avec ses confrères, afin de reconnaître si elle était propice aux travaux de la foi. Dans le fait, Seherus vit que ce lieu était une âpre et rude forêt, éloignée de toute « hante et fréquentation du peuple », baignée de silence et de paix. Alors, il accepta avec allégresse l'offre magnifique du bon seigneur Thierry.

A quelque temps de là, en cet endroit sauvage et désert, s'élevèrent « une maison domestique » et un oratoire qui fut dédié au saint Sauveur et à sa mère bienheureuse. Ainsi une fleur délicate et pure surgit soudainement parmi les ronces et les broussailles. Et, selon la parole de Seherus, la douce Hadevide jouit de son désir.

L'abbaye de Chaumousey était fondée et Seherus l'habita avec plusieurs disciples. Je ne doute point qu'il y coula une vie spirituelle d'un charme incomparable. Je le vois assis parmi les touffes de genêts et, tandis que la plainte du vent court sur la lande, songeant à la fuite rapide des choses. Tantôt, les yeux levés vers le ciel, il chantait des hymnes que rythmait l'appel mystérieux du coucou. Tantôt, plongé dans un gros livre aux pages enluminées, il méditait sur les beaux préceptes de l'Evangile. Ou bien encore il s'en allait, accompagné de ses confrères, échangeant avec eux des propos pleins de sens et de simplicité. C'est pourquoi sa vie était béate.

Cependant l'œuvre était belle, mais elle n'était point achevée. Il restait dans le cœur de Seherus et de la douce Hadevide un désir et un regret.

Il est bien vrai que le saint homme Seherus était, selon son écriture, échauffé de l'amour de la pauvreté qui est la mère nourricière de toutes les vertus. Toutefois, il connaissait par l'expérience que si l'âme plane dans l'éther, le corps rampe sur le sol, soumis aux besoins et aux faiblesses de la chair; et que, la chair n'étant point satisfaite, l'homme ne saurait trouver la paix de l'esprit. Pour quoi il ne méprisait point les subsides humains qu'il jugeait nécessaires.

De son côté, la bonne dame Hadevide pensait qu'elle n'avait point accompli toute sa tâche. Par des prières et des exhortations, elle pressait son époux d'instituer l'Eglise héritière de tous leurs biens et de léguer au plus digne de ses fils, à Seherus, la totalité de leurs domaines. Et le bon seigneur Thierry ne sut lui résister. En présence de l'illustre Vidric d'Epinal et de nombreux témoins, nobles et roturiers, gentilshommes et paysans, Thierry et Hadevide firent donation solennelle de leurs terres et de leurs alleux à l'abbaye de Chaumousey. La donation comprit tous les sujets, les hommes et les femmes, les troupeaux, les champs cultivés et non cultivés, les prés, les pâquis, les forêts, les revenus et les eulogies du bon seigneur et de son épouse. Ainsi, sans qu'ils les eussent convoitées ni recherchées, les religieux de Chaumousey acquirent des richesses abondantes, par la grâce de Dieu, la prudence de leur abbé, la sainteté d'Hadevide et la munificence de Thierry. Après quoi Thierry et Hadevide prirent le chemin commun à tous les mortels et entrèrent dans l'éternel repos. Les moines honorèrent leurs bienfaiteurs d'une sépulture glorieuse; ils déposèrent leurs corps dans le cimetière de l'abbaye, tandis que leurs âmes s'envolaient vers les joies ineffables.

Hélas ! il n'est point dans les voies du Seigneur d'accorder même aux plus saints des hommes un bonheur sans mélange. Par une image agréable, Seherus se flatte d'avoir heureusement provigné la vigne mystique. Il montre que le nouveau cep qu'il avait obtenu, transplanté avec l'aide de Dieu dans le lieu de Chaumousey, y crut et s'y couvrit de fleurs et de fruits savoureux. Mais au prix de quel labeur !

Le Seigneur Thierry avait un frère nommé Joselin. Joselin était aussi méchant que Thierry était bon. Dès qu'il connut l'effet de la générosité de son frère et qu'il se vit dépouillé d'un héritage qu'il convoitait, Joselin entra dans une grande colère. Il commença de courir et de piller les domaines de l'Abbaye. Bien plus il ne craignit point de brûler l'Eglise qui était vouée à la

Vierge. Cet acte abominable et sacrilège parut, dit la Chronique, une chose cruelle et fit haïr Joselin de plusieurs. Seherus et ses confrères souffrirent toutes ces injures avec une douce résignation. Ils jugèrent simplement que Dieu permettait à Joselin de les affliger de la sorte pour les éprouver et les fortifier dans leur foi. Dans le même temps, ils résolurent de se défendre par les moyens légaux. Ils ajournèrent Joselin devant le Duc de Lorraine, Thiéry. Joselin ne daigna comparaitre ou n'osa contredire et le Duc ordonna qu'il cesserait ses rapines. Puis Son Altesse se transporta de sa personne dans l'Abbaye et proclama solennellement qu'il la prenait sous sa protection. Joselin n'en fut point ému et poursuivit ses méfaits. Alors Seherus se réfugia dans le giron maternel de l'Eglise. Il se plaignit à Pibon, évêque de Toul. Pibon était un pasteur diligent, soigneux du bien et de la paix de son troupeau. Il fulmina contre Joselin une sentence d'excommunication. Cette fois le méchant seigneur, rebelle aux contraintes humaines, se trouva tellement perturbé des foudres ecclésiastiques qu'il promit de respecter dans l'avenir les droits de l'Abbaye. Et Seherus, qui était plein de bonté, lui donna une somme d'argent pour le payer de son retour au juste.

Mais le saint homme Seherus n'avait point vidé le calice amer de l'infortune. Il lui fallut combattre un nouvel adversaire, plus tenace mille fois et plus âpre que Joselin, Gisla, qui était femme et puissante abbesse du Chapitre de Remiremont. Elle prétendit que Seherus avait usurpé des droits et des bénéfices qui lui appartenaient. C'est pourquoi elle fit dévaster par ses gens les terres du monastère, voler le trésor de l'Eglise. L'alarme fut trés chaude dans l'abbaye, d'autant que le Duc de Lorraine, abandonnant le parti des moines, se déclara pour l'abbesse. Seherus adressa suppliques sur suppliques au pape Paschal. Toutes fois, le Saint Père manda à Gisla, sa très chère fille, de rentrer dans la douceur et de respecter les droits de l'abbaye. Toutes fois, l'abbesse méprisa ses mandements et s'obstina dans la voie de fait. Seherus alla se jeter aux pieds du Saint Père, en son palais de Rome. Gisla ne céda point. Alors Seherus implora l'Empereur Henry, roi des Romains. L'Empereur blâma sévèrement l'abbesse, et lui représenta qu'elle offensait leur mère commune, l'Eglise romaine, dont il se dit le fils et le défenseur. De même, il avertit fièrement le Duc de Lorraine qu'il réprimerait par la force les injustices commises à l'encontre du monastère. Gisla se moqua des avis et des menaces de l'Empereur. Puis, le Pape Paschal étant arrivé dans la ville de Langres, Seherus et Gisla, assistée du Duc de Lorraine, comparurent devant lui. Le Pape confirma la possession de l'abbaye et ordonna qu'elle fût désormais reconnue. Gisla ne s'inclina davantage.

A la fin, l'Evêque de Toul parvint à la réduire, et Gisla composa. Seherus et ses confrères, dont l'âme était pure de rancune, s'en furent trouver l'abbesse et la saluèrent avec humilité. Puis ils la prièrent de leur rendre son amitié et « sa pristine carité ». Gisla, revenue à des sentiments meilleurs et plus chrétiens, les accueillit avec beaucoup de bonne grâce, et il s'établit entre les deux Eglises une paix radieuse qui ne fut plus troublée.

De ce temps, l'abbé Seherus put se vouer tout entier à la conduite du monastère. Il remplit les devoirs de sa charge avec autant de prudence que d'éclat. En vérité, il tenait de ses chefs ecclésiastiques, de l'Evêque diocésain et du

Pape même, des pouvoirs considérables. Il donnait les ordres mineurs et la tonsure, et gouvernait treize paroisses. Il devait, en retour, par une ancienne et féconde coutume de l'Eglise, une offrande annuelle au Souverain Pontife.

Il s'éteignit en l'année 1128, chargé d'années, de mérite et de gloire. Son corps fût inhumé avec honneur dans le chœur de l'église abbatiale. Quand, en 1586, on ouvrit sa sépulture, on trouva dans son tombeau un calice d'étain, une crosse, des ossements et une croix de plomb, couverte d'inscriptions latines.

Après sa mort, Seherus continua de vivre dans la mémoire des hommes. Et un honnête rimeur composa à sa louange les deux vers que voici :

Le prudent Seherus, comme la mouche à miel,
Rend Chaumousey heureuse en la terre et au ciel.

Les vers sont détestables, mais l'image est ingénieuse. Je ne puis me défendre de voir le saint homme s'agiter dans le siècle comme l'abeille voltige parmi les prés étoilés de corolles. Je le vois gagnant par sa piété et sa dignité de vie le cœur des dévots comme l'abeille s'enfonce dans le calice des fleurs. Je le vois qui rentre au monastère, riche des offrandes cueillies, comme l'abeille s'envole chargée de suc et de miel.

Aujourd'hui, dans l'air limpide le soleil verse une pâle lumière, l'eau frissonne au souffle léger de la brise, les bois effeuillés bleuissent sur les pentes, la plaine fuit dans le clair lointain, et les ruines m'apparaissent graves et austères. Alors, il me souvient des luttes de l'Abbaye et de ses jours prospères où les seigneurs, les princes de l'Eglise et de la Lorraine vinrent la visiter. Surtout, je songe qu'il y a bien longtemps, en ce lieu silencieux et paisible, vécut un saint qui eut le privilège d'être aussi un homme heureux.

Et la petite vallée me semble sereine et toute parfumée d'une poésie exquise.

Mars 1904.

L'Arbre d'Or

L'Arbre d'Or

Jean Fuzelier était un grand garçon de dix-neuf ans. Il était de mine agréable et de tournure galante. Avisé et prudent, comme un enfant de Lorraine, il conduisait sa vie avec habileté, selon les nécessités de la pratique et les penchants de son esprit. Depuis quelque deux ans il était clerc de notaire. Chaque jour, il s'en allait en son étude. Il y besognait bravement et sans penser, comme les bœufs tirent la charrue. Mais quand il en sortait, il se réfugiait dans son rêve et s'y tenait blotti.

Jean Fuzelier était un sage, d'un

esprit délicat et d'une âme élégante. Car il est vrai que chacun apporte, à sa naissance, sa part de vertus. Ces germes, que la nature dépose dans une âme qui s'éveille, se développent à mesure, croissent et s'épanouissent par une culture convenable. Jean avait reçu cette culture sans qu'il en eût le soin et qu'il en prît conscience.

Jean n'avait pas cinq ans lorsqu'il perdit son père. Puis, à quelques mois de là, sa mère mourut. Alors, il n'avait point senti toute sa misère, parce qu'il était trop jeune. Toutefois, sa petite âme demeura voilée de tristesse et vaguement inquiète.

Son grand-père le recueillit et l'éleva. C'était un petit vieillard, d'une grande politesse, très propre dans sa mise, aimable et plein de sens. Il enveloppait son petit-fils d'une tendresse exquise. Et Jean lui devait tout, comme la plante doit ses fleurs au soleil.

Le soir, dans les veillées tranquilles, dans la douce lumière de la lampe, près du poële qui chantait, le grand-père contait au petit-fils attentif les histoires du vieux temps. Cependant, il lui prenait la main et le caressait de ses bons yeux clairs. Jean l'écoutait avidement et se réjouissait d'apprendre les vertus exemplaires des bourgeois excellents. Il en avait conçu une grande vénération pour les nobles aïeux dont les actions l'étonnaient. Il connut qu'il était émouvant de sentir derrière soi toute une lignée d'honneur, qu'il serait bien d'imiter les ancêtres et de s'en rendre digne.

Il se promit d'étudier leur histoire, plus tard, quand il aurait grandi par la raison et par le savoir, d'épeler leurs chartes, de fouiller leurs écrits.

Comme il accompagnait son grand-père, qui s'en allait d'un pas alerte par les rues familières de sa bonne ville, il voyait bien que ce vieillard, gai et amène, continuait les bourgeois qui étaient honnêtes hommes. Surtout quand le grand-père lui montrait la vieille église, lui expliquait les ruines du Château, lui détaillait la fine maison de la place du Poiron, il éprouvait un trouble. Il n'était pas bien sûr que le vieillard n'eût point connu, dans son enfance lointaine, les hommes qui construisirent ces édifices, ciselèrent ces sculptures et défendirent avec vaillance ces murs et ces tours. C'est pourquoi il priait l'aïeul de le conduire souvent parmi les grands arbres du parc, au travers des pierres écroulées, des fières reliques, sur la colline sainte. Et l'aïeul, qui l'adorait, l'y menait de bon gré. En vérité, il approuvait que Jean aimât ces traditions, qui fortifiaient son âme.

Or Jean avait grandi. Il était enclin à la sagesse et l'étude lui semblait profitable. Maintenant il déchiffrait les écritures aux formes singulières et il jugeait exquis les vieux papiers poudreux, jaunis par le temps. Il était bien plus près de ses chers aïeux depuis qu'il recueillait leurs confidences, entendait leurs propos et lisait leurs grimoires. Ainsi l'eau est plus pure, puisée à sa source. Toutes fois qu'il le pouvait, il errait solitaire sur le mont couronné de feuillage et de ruines, où battit jadis le cœur de la cité. Là, il rêvait aux belles chroniques, il évoquait les actions glorieuses, il peuplait ce silence, il animait ces choses. Pour lors, la vie lui paraissait bien douce.

Durant son enfance, il s'était lié d'une amitié étroite avec une petite voisine, orpheline comme lui. Elle se nommait Catherine Baudenet. Les deux enfants partageaient leurs joies, leurs inquiétudes et mêlaient leurs âmes.

Jean se plaisait à émerveiller sa petite amie par ses récits et ses descriptions, grandis et enluminés par son rêve d'enfant enthousiaste. Il l'entraînait souvent vers les ruines et les beaux arbres. Et tous deux s'attendaient, dans leur simplicité, à voir surgir des hommes très-grands, armés et casqués de terrible manière, forts comme des géants et bons comme des dieux. Ils se délectaient ensemble des mêmes visions éclatantes, des mêmes angoisses pleines de délices.

Les années coulèrent. Catherine devint une gracieuse jeune fille, un peu frêle, aux grands yeux bleus comme l'azur, aux cheveux d'or pâle, au visage délicat. Et Jean ne prit point garde qu'elle était aussi belle que les vierges douces des préraphaélites. Leurs âmes demeurèrent pures et candides, éprises seulement de la poésie des souvenirs et des choses.

Un jour les pensées innocentes s'évanouirent, chassées par le désir, et Jean sentit dans son cœur une morsure brûlante. Ainsi les brouillards légers du matin se dissipent et se fondent aux premières ardeurs du soleil levant. Jean aima Catherine dans ses sens et souhaita de la posséder.

Mais Catherine était sage. Elle n'eût point entendu les aveux de Jean, elle eût été surprise de ces paroles nouvelles et elle l'eût repoussé avec une grande tristesse. Jean le savait bien. Il conçut un mauvais dessein, parce que les amants sont ingénieux et perfides. Il vêtit son amour d'une pureté qu'il n'avait point. Par des propos habiles, des promesses d'avenir, des serments de sincérité et de foi, Jean gagna la confiance de son amie. Il obtint de la sorte qu'elle lui donnât un rendez-vous galant.

On était aux premiers jours de novembre. En un lieu du Parc, près du pont rustique qui franchit la mare aux eaux dormantes, un hêtre se dressait. Les gelées automnales avaient roussi son feuillage qui flamboyait. Avec son tronc gris bleu et ses feuilles d'or rouge, l'arbre étincelait comme une gloire. Quand ils passaient devant le hêtre en feu, Jean et Catherine l'admiraient et pensaient qu'il fût un soleil. Un jour, tous deux convinrent qu'ils se joindraient vers la cinquième heure du soir, au pied de l'arbre d'or.

Jean arriva le premier, par politesse et parce qu'il était amoureux. Et Catherine ne se fit point attendre. Elle parut toute jolie, comme une nymphe charmante des bosquets. Tout de suite elle enlaça de ses bras le cou du jeune homme, dans une molle étreinte. Puis, fermant les yeux, elle posa doucement sa tête blonde sur l'épaule de Jean.

Soudain la jeune fille, soulevant ses paupières, contempla quelque temps le noble sommet où s'élevait le Château. Puis elle murmura ces paroles, d'une voix harmonieuse :

— Mon Jean, ne vois-tu pas les âmes

des aïeux qui descendent du mont et glissent dans l'espace comme pour nous envelopper ?

Et Jean lui répondit :

— Je vois les brumes du soir qui tombent lentement, comme des voiles subtils, et traînent dans les branches.

Et Catherine reprit :

— Mon Jean, ne sens-tu point que les ombres s'approchent et nous frôlent de leurs caresses amies ?

— C'est, ma tendre amie, le vent léger qui baise ton visage et joue dans tes cheveux d'or.

Catherine insista :

— Ce sont les aïeux, te dis-je. Ils se réjouissent de nos pures amours. Leurs ombres favorables nous veulent assister, tandis que nos âmes s'unissent, que nos mains s'étreignent et que nous échangeons les serments solennels.

Comme elle dit ces paroles, Jean tressaillit. Il vit, dans une lueur,. les bourgeois honnêtes, fidèles à leur ville et fermes dans leur foi. Il vit le château symbolique, noblement défendu par les hommes libres, comme l'arche de leurs vertus. Il vit tout le passé loyal. Alors, il pensa qu'il avait fait des promesses trompeuses et il rougit de son mensonge.

Doucement, il repoussa Catherine, et il lui dit avec une voix tremblante :

— Viens, ma Catherine. Rentrons. Voici que la nuit tombe. Et puis, ce soir, les bourgeois me font peur.

Une Spinalienne

A Madame
la Comtesse de Bourcier de Villers.

Une Spinalienne (1)

Ce soir-là, mon vieil ami secoua les cendres de sa pipe dans le foyer où voltigeait une petite flamme rouge, il se renversa dans son fauteuil et me conta l'histoire que voici :

— J'ai connu, il y a quelque quarante années, une vieille demoiselle qui habitait, en la rue du Pont, la maison qui porte le numéro 1. Elle était née G... de Ch..., d'une ancienne famille du Berry. Elle était pauvre et, forcée de travailler pour vivre, elle enseignait la musique. Je lui marquais autant de révérence qu'elle m'accordait d'amitié.

---

(1) Les détails de cette histoire sont véritables. Ils sont extraits d'un manuscrit de Mademoiselle de Ch..., qui m'a été obligeamment prêté par mon ami, M. le Comte de Bourcier.

Il m'était agréable de l'aller voir souvent et de m'entretenir avec elle. La finesse de ses traits, la grâce de ses manières, son vêtement aux formes surannées, aux couleurs éteintes et comme fanées lui donnaient le charme et la douceur d'un pastel de Latour. Elle se plaisait à raconter sa vie qui était fort intéressante. Comme je la priais de m'en faire le récit, son regard se voilait et semblait contempler des choses lointaines, un vague sourire passait sur ses lèvres pâlies et elle commençait :

— Nous souffrîmes beaucoup de la Révolution. Chassés de nos terres berrichonnes, qui furent saccagées, puis confisquées, nous nous réfugiâmes à Paris où, menacés et traqués, comme tous les aristocrates, par une foule en délire, nous courûmes les plus grands dangers. Cependant, instruit par la misère des temps, mon bon père, qui était plein de sens, donna tous ses soins à notre éducation. Il avait coutume de dire :

— Travaillez, mes enfants, ornez votre esprit, fortifiez votre âme, armez-vous pour la lutte. En ce siècle de folie, qui sait ce que sera demain ?

C'est pourquoi il nous fit étudier le piano, la harpe, la guitare, les armes, la déclamation et la broderie. C'était une ouvrière de M. Charpentier, brodeur de l'impératrice Joséphine, qui venait chaque jour nous apprendre à feindre sur le tissu des tableaux agréables.

Ma sœur ainée réussit mieux que moi dans cet art et s'y montra même assez habile. Un de ses tableaux brodés, qui représentait une Hébé versant d'un geste gracieux le nectar dans une coupe d'or, plut à Joséphine qui le lui acheta. En 1814, l'empereur de Russie, Alexandre, l'emporta dans ses bagages, ensuite de circonstances que j'ignore.

Pour moi, je me perfectionnai dans le chant et surtout dans l'art de la déclamation. Mon goût et mes dons naturels m'y inclinaient de préférence. Au jugement de mes professeurs, ma voix était onctueuse et caressante. Mes maîtres avaient l'indulgence de le reconnaître, et je leur dus les meilleures leçons.

Au concours du conservatoire qui eut lieu en 1807 et où je récitai le rôle d'Iphigénie, je fus assez heureuse pour être remarquée. Le bruit de mon succès parvint aux oreilles de la reine Hortense. Sa Majesté daigna exprimer le désir de m'entendre et me fit mander en son hôtel de la rue Cerutti. Je sentis tout le prix de l'honneur qui m'était fait et ne laissai point d'être fort troublée quand je parus devant la Reine. Celle-ci me reçut avec bonté. Je retrouvai mon assurance et déclamai de mon mieux les morceaux de poésie qui me furent demandés. J'eus le bonheur de plaire à

Sa Majesté qui voulut bien me le dire. Elle résolut de m'attacher à sa personne et de me garder dans sa compagnie. Mes parents y consentirent, moyennant que, chaque soir, je rentrerais dans ma famille, ma pauvre mère étant alors assez souffrante et ne pouvant se passer de ma présence ni de mes soins.

Je coulai des jours heureux auprès de la reine de Hollande. Elle me témoignait beaucoup de bienveillance et je le lui rendais en affection, en dévoûment et en respect. Je recherchais les occasions de lui être agréable, je m'empressais à la distraire, et je voyais bien qu'elle prenait du plaisir à m'entendre. Elle me semblait réunir toutes les qualités du cœur et les dons de l'esprit et je lui accordais toutes les vertus. C'est pourquoi mes sentiments pour elle devenaient tous les jours plus tendres et j'eus la joie de connaître que Sa Majesté s'en était avisée.

La Reine avait beaucoup de goût pour les arts et savait s'entourer d'artistes du plus grand mérite. Elle recevait, dans ses salons, des peintres, des musiciens, des jolies femmes et des hommes d'esprit. On y parlait peinture, musique, littérature, mais jamais politique. Sa Majesté chantait, au piano, les romances devenues fameuses qu'elle composait elle-même. Ou bien Isabey, Gérard, Garnerey crayonnaient des portraits, des croquis ou des charges d'une exquise habileté. Souvent la Reine me priait de déclamer des vers et j'avais la faiblesse de croire qu'on m'écoutait sans déplaisir.

Je connus, dans ces réunions, M. Carbonnel, ordonnateur des arts; le jeune Baptiste Charpentier, fils du brodeur de l'Impératrice, qui était valet de chambre et tapissier de la Reine. Sa Majesté, curieuse de décors élégants et de beaux meubles, l'estimait beaucoup et le tenait pour le meilleur des conseillers. Je vis aussi madame Bure, la jolie nourrice du petit prince Louis.

Mais cette vie, pleine de charmes, ne dura que dix mois. Ma mère, dont la santé devenait plus chancelante, voulut m'avoir tout le jour auprès d'elle. Et la reine, qui était sensible, n'osa me retenir. Quand je la quittai, elle me donna à baiser sa main que je mouillai de larmes.

Je la revis en 1810, quand Marie-Louise fit son entrée dans Paris. Pour honorer la nouvelle souveraine, une députation de jeunes filles la reçut devant l'Arc-de-Triomphe de l'Etoile. M. de Saint-Fal voulut bien se rappeler mes modestes succès d'antan et me pria de dire des vers de circonstance. J'acceptai avec reconnaissance.

Ce beau jour est resté parmi mes plus riants souvenirs. Nous étions toutes gracieuses, —je puis bien le dire aujourd'hui, — avec nos robes blanches et nos écharpes de mousseline qui flottaient. Nous allions, couronnées de roses, comme des vierges antiques, et portant des corbeilles de fleurs, des bouquets et des guirlandes. Le carrosse impérial s'arrêta devant nous, et, suivie de mes compagnes, je m'approchai de l'auguste couple. Je récitai, le mieux que je pus, le compliment que j'avais appris. Il me parut que l'empereur m'écoutait avec bienveillance. Son regard était doux, ses lèvres souriaient et il semblait heureux. L'impératrice rayonnait de fraicheur, de jeunesse et de joie. Elle daigna me remercier d'un léger mouvement de tête et reçut les gerbes de fleurs que mes compagnes lui présentèrent. Je me retirai lentement, émue et fière, tandis que la foule acclamait les souverains avec allégresse.

A ce moment, j'aperçus dans le cortège l'aimable reine Hortense. Une grande tristesse était répandue sur son visage. Je compris qu'il lui était cruel d'accompagner une princesse qui remplaçait sa mère dans le cœur de Napoléon et sur le trône de France. La reine me reconnut. Elle me fit un signe poignant qui voulait dire : « J'ai bien souffert ». Je me sentis pâlir, mes traits se contractèrent, mes yeux exprimèrent une sincère douleur. Ce fut ma seule réponse. La reine passa.

Mon père connaissait plusieurs dignitaires de la cour et, parmi ceux-ci, le maréchal Duroc. Ils se rencontrèrent, un matin, dans le jardin des Tuileries. Ils se saluèrent avec amitié et échangèrent quelques propos. Duroc s'étonna que mon père refusât obstinément des faveurs que lui, grand maréchal, pourrait si facilement lui obtenir. Et il ajouta :

— En vérité, n'êtes-vous point un ennemi de l'Empire?

Mon père, se récriant, l'assura du contraire.

— J'aime l'Empereur, lui dit-il. J'admire son génie, qui est incomparable. Certes, sous un tel chef, la carrière des armes est la seule qui m'eût tenté. Mais, pendant la Révolution, elle ne m'apparut ni glorieuse, ni sûre. Plus tard j'y destinai mon fils. Hélas, il n'est plus... Je ne suis qu'un bourgeois et je pense que, dans tous les états, avec de la probité et de la sagesse, on peut trouver le bonheur.

— Je n'y contredis point, reprit le Maréchal, et je loue votre philosophie. Toutefois, je veux vous faire une proposition qui, je l'espère, vous agréera. Les dames de la Cour, qui furent pour la plupart dames d'honneur de l'impératrice Joséphine, ont atteint un âge dont ne s'accommode guère la jeunesse de la souveraine. L'empereur, qui entoure sa nouvelle épouse des plus délicates prévenances, a marqué son désir de rajeunir sa Cour. Sa Majesté estime que quelques jeunes demoiselles, bien nées, d'une physique aimable, d'un esprit agréable et d'une bonne éducation, sauraient divertir l'impératrice et remplacer auprès d'elle ses amies d'enfance qu'elle a laissées dans son pays et dont elle a le regret. Mademoiselle votre fille réunit heureusement toutes ces qualités auxquelles tient l'empereur et j'ose dire que son mérite n'est point inconnu de Sa Majesté. Ne permettrez-vous pas que je la désigne au choix de l'Impératrice?

Mon père répondit aussitôt :

— Maréchal, je vous rends grâce de l'offre que vous me faites et dont je sens l'honneur et l'avantage. Ma fille sera fière de servir l'Impératrice, et je vous dois, pour tant de bonté, beaucoup de gratitude.

Le Maréchal sourit et, se disant fort aise qu'à la fin mon père se montrât raisonnable, promit d'annoncer sans retard à l'Empereur le succès de sa démarche.

A quelque temps de là, je reçus l'avis que j'allais être présentée, comme on disait alors, à l'Empereur et à l'Impératrice.

Mon père me donna les plus sages conseils. Il m'avertit qu'il avait quitté le nom de Ch...., pendant la Révolution, à cause des dangers qui menaçaient les nobles, et il ajouta avec une grande prudence :

— Ma fille, dans la haute situation où l'Empereur vous élève, il convient que vous repreniez le nom de Ch...., qui est le signe de votre qualité. Mais si, de fortune, il advient, ce qu'à Dieu ne plaise ! que vous éprouviez des revers, faites comme moi. Soyez assez sage pour dépouiller ce titre et reprendre le nom plus simple qui, par le malheur des temps, fut seul le nôtre jusqu'à ce jour. Car il est vrai qu'un nom, qui marque la naissance, devient ridicule s'il n'est soutenu par la richesse.

Mon père avait bien raison de parler de la sorte. Il me souvient qu'en 1814, les vieux émigrés, la croix de Saint-Louis sur la poitrine, l'épée au côté, la démarche galante, portant fièrement leurs habits usés et démodés, livrée de leur misère, furent tristement la risée du peuple et de nous tous, gens de l'opposition. En vérité, nous n'étions point charitables. Je m'en avisai depuis, en vieillissant.

Donc, le 3 septembre 1810, je fus présentée à Leurs Majestés qui m'accueillirent avec faveur. L'Empereur daigna m'adresser quelques paroles aimables et je rougis de plaisir. Puis l'Impératrice m'annonça, avec un tranquille sourire, que j'étais agréée et que je serais du salon de musique.

Dans mon nouvel emploi, j'éprouvai en toute rencontre la bonne grâce de

Marie-Louise. J'y répondis en m'efforçant, par mille attentions, de lui être agréable. Pour lui plaire, mes compagnes et moi, nous nous rendîmes les plus habiles du monde dans les jeux qu'elle avait apportés d'Autriche, surtout dans le « Jeu du Diable », qu'elle affectionnait et qui bientôt devint fort à la mode. Nous fûmes assez heureuses pour distraire quelquefois sa Majesté durant sa grossesse qui lui fut si pénible. De fait, nous voyions rarement l'Impératrice qui ne nous accordait que d'assez courts instants.

J'avais eu pour marraine une dame de Bavière de haute lignée, madame Célanyre de Stalberg. Je reçus d'elle le prénom de Célanyre. Mais le curé de la paroisse ne permit point qu'il figurât dans mon acte de baptême, le jugeant d'une singularité excessive. Il ne me resta que ceux de Clémence-Hélène. Néanmoins, par politesse envers madame de Stalberg, mes parents avaient accoutumé de m'appeler Célanyre. Ce nom plut à l'impératrice qui ne m'en donna jamais d'autre.

Ainsi, je vécus auprès de Sa Majesté jusqu'en 1814 et je vis passer devant moi, avec un intérêt extrême, les personnages illustres qui composèrent la plus brillante des Cours, comme on voit s'écouler le plus majestueux des fleuves.

En 1814, deux jours avant le siège de Paris par les alliés, les dames de la cour furent renvoyées dans leurs familles, tandis que l'Impératrice se réfugiait à Rambouillet. L'empereur s'établit à Fontainebleau.

Ayant appris le jour où Sa Majesté devait partir pour l'île d'Elbe, je résolus de la voir une dernière fois. Je m'entendis avec un maraîcher, qui avait notre pratique, je vêtis des habits de paysanne et montai avec lui dans son cabriolet. Il me conduisit à Fontainebleau. Mais la foule des voitures et des gens était si grande que je ne pus approcher l'Empereur et que je ne le vis qu'à une lieue de la ville, Quand Napoléon passa près de moi, mes yeux se mouillèrent de larmes, je retins à peine les sanglots qui m'étouffaient et je crus, comme tant d'autres, qu'il m'avait reconnue. C'était une illusion, mais elle me fut bien douce.

Cependant l'armée et le peuple détestaient les alliés et les nobles, et, ne pouvant mieux faire, se vengeaient par des sarcasmes.

Un jour, je me promenais dans le jardin des Tuileries. Je portais une robe claire, semée de jasmins et d'héliotropes et galamment entr'ouverte à la gorge. J'allais, un schall de couleur jeté sur mes épaules et tenant dans ma main, à la mode du temps, un mouchoir de fine batiste. En un coin de mon mouchoir, le nom de Napoléon était brodé en toutes lettres. Je fus remarquée et suivie par un officier russe.

Le lendemain, je reçus un billet de l'empereur Alexandre. Il m'invitait à me rendre en l'hôtel de la Marine où il résidait. J'y fus dès la matinée et l'Empereur me reçut dans son cabinet. Je connus bien vite que Sa Majesté m'avait mandée par pure curiosité. Je ne me tins de lui reprocher, avec assez d'audace, sa conduite envers Napoléon.

Sa Majesté affecta de sourire et me dit avec ironie.

— En vérité, Mademoiselle, vous êtes la plus grande napoléoniste de France ! D'aventure vous plairait-il de partir pour l'île d'Elbe ?

— Sire, lui répondis-je, je ferais un voyage inutile.

Alexandre comprit le sens que je mettais dans ces paroles et devina le fond de ma pensée. Il se leva, me reconduisit jusqu'à la porte du salon et me dit d'une voix grave :

— Vous aimez votre Empereur. C'est fort bien. Mais ne souhaitez pas qu'il rentre en France. Vous pourriez bien pleurer.

Je compris à mon tour que les alliés avaient dès ce temps préparé un plan de vengeance contre Napoléon s'il quittait son lieu d'exil. Je ripostai avec fermeté :

— Sire, j'entends vos menaces. Mais Dieu tient dans ses mains la destinée du vainqueur aussi bien que celle de l'opprimé.

Ayant ainsi parlé, je saluai Alexandre et sortis du cabinet.

L'année suivante, au retour de l'île d'Elbe, je partageai l'ivresse générale. J'écrivis à l'Empereur une lettre pleine d'enthousiasme et de respect. Je reçus cette réponse, de sa main : « Je me souviens. Attendez ». Ces mots me causèrent une grande peine. L'Empereur s'était mépris : je n'avais rien demandé.

Le soir du 3 mai, il y eut des réjouissances populaires. Pendant qu'on tirait le feu d'artifice, j'étais mêlée à la foule et me tenais sur la terrasse du pont tournant. Près de moi, un personnage, qui se disait électeur du département de la Haute-Marne, déclamait contre le gouvernement avec une incroyable hardiesse. Il affirmait avec assurance que les généraux étaient vendus, que l'Empereur était aux abois et qu'avant la fin du mois il serait déchu. Ces propos, que l'inconnu répandait dans la foule, me parurent d'une grave importance. Je me promis de les rapporter au comte Bertrand. Hélas ! il avait quitté Paris.

Le lendemain, dans la soirée, je me promenais devant le théâtre des Variétés. Je vis le roi Joseph, qui descendait de voiture et entrait dans le théâtre.

Il était fort simplement vêtu ; la reine et les princesses, ses filles, l'accompagnaient. Je formai aussitôt le dessein de lui parler. Le Roi loua une baignoire ;

je m'installai dans la baignoire voisine et le fis prier de me donner audience. Sa Majesté me manda de la rejoindre dans sa loge. La princesse Zénaïde me reconnut et me présenta à son père. Je racontai au Roi ce que j'avais entendu et les craintes que j'éprouvai de ces méchants discours. Sa Majesté opina que les royalistes semaient ces bruits dans le peuple pour le tromper et l'inquiéter. Cependant il promit d'en instruire son frère.

Le 23 juin, la foule anxieuse entourait le palais de l'Elysée, où était Napoléon. J'attendais, avec le peuple, angoissée comme les autres. Tous, nous espérions des nouvelles ou peut-être le passage de l'Empereur. On sentait que sa vue eût secoué ces masses frémissantes, avides de l'acclamer, comme la tempête soulève les flots de la mer. Soudain, une voiture parut et l'on cria : C'est le roi Joseph ! Des épaules et des coudes, je m'efforçai de gagner le premier rang. Ce mouvement attira l'attention du roi, qui me reconnut et me suivit des yeux jusqu'à ce que sa voiture eût franchi la porte de la grille. Peu de temps après, un valet de pied sortit de l'Elysée et promena son regard sur la foule, semblant chercher quelqu'un, Puis il s'approcha de moi et me demanda si je n'étais pas mademoiselle de Ch..... Sur ma réponse affirmative, il m'invita poliment à le suivre et me conduisit dans un salon du palais, où j'attendis assez longtemps. Enfin, la porte s'ouvrit et le roi Joseph entra. Il paraissait fort triste.

— Vous aviez raison, Mademoiselle, dit-il. On nous trahissait.

Je lui demandai comment se trouvait l'empereur.

— Fort souffrant, me répondit-il.

— Le conserverons-nous? demandai-je encore.

— Dieu le sait. Mais, puisque vous

aimez l'empereur, voulez-vous vous charger de deux missions pour lui?

Je dis :

— Ma vie est à Sa Majesté.

Le roi eut un pâle sourire et reprit :

— Mademoiselle, ce soir, à cinq heures, vous vous rendrez dans le jardin des Tuileries. Près de la statue de l'Hiver, vous rencontrerez M. le baron Quinette. Vous laisserez tomber ce mouchoir — le roi me présenta un mouchoir de batiste plié. — Le baron le ramassera et vous dira : « la marque de ce mouchoir me fait connaître à qui il appartient. » Vous répliquerez : « Bordeaux, 2 juillet, 10 heures du soir. » Telle est, Mademoiselle, votre première mission. Elle est grave. Voici l'autre : vous porterez une lettre au major Giovelli, à Lyon. Cette lettre est importante et personne ne doit la lire, hors celui à qui elle est adressée. Je vous remets une croix qui vous fera reconnaître

— le roi me donna une petite croix de fer. — Le major a la pareille et vous la montrera.

— Sire, répondis-je les deux missions dont votre Majesté m'honore seront accomplies, je le promets. Comptez sur mon zèle.

Je tins parole,

Or il advint que, quand je prononçai le mot « Bordeaux », le baron Quinette s'inclina vers moi et me dit à l'oreille, d'une voix très basse :

— Non, Rochefort.

Et il ajouta aussitôt :

— Verrez-vous celui qui vous envoie, Madame ?

— Je ne le pense pas, répondis-je.

Il reprit :

— Je le verrai, moi. Il le faut. Mais, ne restons pas ici. N'en doutez point, on nous observe.

Je connus plus tard l'intérêt de ma démarche, quand Napoléon, quittant

Paris où il ne devait plus revenir, se réfugia à Rochefort.

Le 10 juillet, je demandai un passeport pour Lyon, prétextant que j'allais y donner un concert, et je partis avec ma mère. J'emportais une toilette, mes bijoux et trois mille francs en billets de banque. Par précaution, je serrai les bijoux et les billets dans un coffret, fermé à clef, que je cachai dans ma malle.

Dès mon arrivée, je me rendis chez le major Giovelli. Je lui présentai la croix que le roi m'avait donnée et il me montra la sienne, qu'il gardait toujours sur lui. Alors je lui remis la lettre, qui était écrite de la main de l'Empereur. Le major la porta à ses lèvres et la baisa en pleurant. L'ayant lue, il nous dit l'extrême attachement qu'il conservait à Sa Majesté et jura que la mission qui lui était confiée serait fidèlement remplie. Puis, il nous demanda, à ma mère et à moi, notre nom et notre adresse et nous le quittâmes.

Rentrées à l'hôtel, nous vîmes que nos malles avaient été fouillées. On me dit que c'était l'usage depuis le retour du Roi. Je constatai que les gens de la police avaient emporté mon coffret, sans doute pour le visiter.

Je me précipitai chez le procureur du Roi qui m'accueillit avec impertinence.

— Je vous engage à partir sans délai, me dit-il. Estimez-vous heureuse que je vous le permette.

Je continuai mes démarches. Je portai mes doléances au Préfet qui se montra sensible à notre infortune et nous tint ce langage :

— Mesdames, je vous plains. Mais je connais les hommes de police, vous n'en obtiendrez rien. Je vous conseille de vous adresser au Roi.

Le concert eut lieu le lendemain. Dans la matinée, la Préfète eut la bonne grâce de m'offrir ses propres bijoux. Je les refusai avec politesse. Il me plut de paraître en scène vêtue d'une robe fort élégante en vérité, mais sans bracelets, sans collier, sans boucles d'oreilles et sans peigne — ce qui, en ce temps, était d'une singularité extrême — au bref, dans le simple équipage d'une femme qui vient d'être dévalisée. Les napoléonistes, qui se pressaient dans la salle et connaissaient ma disgrâce, m'applaudirent avec frénésie. Et, le concert terminé, j'eus beaucoup de peine à regagner ma voiture parmi les ovations enthousiastes de la foule. On parla d'ouvrir une souscription en notre faveur. Mais nous quittâmes Lyon en toute hâte, craignant d'être compromises. Dès mon retour à Paris, j'écrivis au Roi une lettre qui resta sans réponse.

Les persécutions commencèrent. Une ordonnance royale punit de l'exil tous les signataires de l'acte additionnel. Mon père en était. De plus il avait souscrit pour les pauvres officiers qu'on nommait alors les Brigands de la Loire et pour le Champ d'Asile. Il attendait chaque jour l'ordre de quitter la France. Enfin, l'ordre arriva et mon père se réfugia à Gênes d'où il passa plus tard en Angleterre.

Quelques mois après, je reçus la visite du major Giovelli. Il m'annonça qu'il avait accompli sa mission et qu'il avait pu en avertir l'Empereur. Il ajouta qu'il avait instruit Sa Majesté de notre aventure de Lyon. De fait, au mois de mai 1816, un inconnu se présenta chez moi, et me montra une sorte de calepin, où je lus cette mention, de la main de l'Empereur : Mademoiselle de Ch.... passera chez le banquier Laffite.

Je fis à la banque de nombreuses démarches. A la fin, M. Laffite, que je ne pus joindre qu'à force d'instances, me déclara froidement qu'il n'avait pas reçu d'ordres touchant ma demande. Je compris qu'il était vain d'insister. Je saluai le banquier et ne le revis plus.

Dans les années qui suivirent, j'eus la douleur de perdre mon père, ma mère et ma sœur. Je réunis les épaves de ma petite fortune et les plaçai dans le commerce de mon propriétaire qui était marchand de vins. Il fit banqueroute et je fus complètement ruinée.

Je donnai, pour vivre, des leçons de musique et les hasards de mon existence incertaine me conduisirent à Epinal.

En tous lieux, je menai une vie oubliée et modeste, de privations et de chagrins. Je me réconfortais de mes souvenirs, qui ne manquent pas d'éclat, et je rêvais doucement d'un passé illustre. Et voici que, dans la nuit qui m'environne, une lueur a jailli. Un Napoléon gouverne la France.

Il est, à Epinal, quelques soldats de l'Empire, des vieillards transis, comme moi. Nous nous réunissons au coin du feu et nous parlons de nos vieilles gloires, de notre grand Empereur. Un éclair passe dans leurs prunelles éteintes, et moi, j'ai retrouvé un peu de bonheur. »

Ayant ainsi parlé, mon ami garda quelque temps le silence. Puis, il reprit avec un peu de tristesse :

— Mademoiselle de Ch... avait une sensibilité exquise et un esprit charmant. N'est-il pas vrai que les âmes de cette qualité deviennent tous les jours plus rares ?

La Croix des Pestiférés

La Croix des Pestiférés

Par une après-midi de la fin de novembre, je suis le chemin qui, s'éloignant de la métairie de Laufromont et tirant vers Razimont, divise le vaste sommet de la colline. La terre, engourdie et décolorée dans la lumière éteinte, ondule à perte de vue.

Les nues d'un bleu sombre traînent dans le ciel bas et versent par instants une pluie froide mêlée de neige. Comme je marche dans cette solitude morne, près de moi un vol de corbeaux s'enlève lourdement avec un grand bruit d'ailes. Les corbeaux innombrables tourbillonnent quelque temps et croassent. Puis, vaincus par le vent, alourdis par la pluie, ils s'abattent de nouveau sur les champs dépouillés. Et mon âme s'emplit d'une suave tristesse. Ainsi le Florentin s'avançait sur le chemin de la vie, dans la forêt obscure.

La plaine mélancolique s'abaisse soudainement. Un gouffre se creuse à mes pieds, un cirque s'arrondit, aux pentes abruptes, aux épaules vêtues d'une herbe courte et jaunie. Devant moi et fermant l'horizon, les sapins noirs dévalent, et leur masse veloutée est frangée à sa base de pins aux troncs roux, aux panaches argentés. Sur un flanc du ravin, une maison de laboureur apparaît silencieuse. Aucun bruit ne franchit ses fenêtres closes. Aucune fumée ne monte de ses cheminées. Et la mort des choses l'enveloppe de son mystère.

A quelques pas du chemin, une stèle s'érige simple et surmontée du Signe. Sur le sous-bassement, deux pierres frustes, rongées par le temps et rompues par les hommes impies, sont posées l'une sur l'autre en forme de croix. C'est tout ce qui subsiste de la Croix des Pestiférés de troublante mémoire.

Et voici que devant mes yeux surgit le passé lamentable.

Il me souvient que, il y a près de trois siècles, huit milliers de bourgeois ont été ensevelis dans ce champ de la mort.

Je vois la lente promenade des chars qui traînent la moisson funèbre des cadavres entassés. Les hommes ne leur font point cortège, parce que les hommes ont peur, parce qu'ils se détournent de ces chairs corrompues aux exhalaisons malignes. Les morts sont maudits. Les chars, au pas tranquille des bœufs, longent le petit vallon où l'herbe est riante, où les pins se balancent avec grâce. Ils gravissent la colline ardue et des fossoyeurs hâves et philosophes accomplissent leur tâche simplement.

Je vois la ville ruinée par le canon, les murs démolis, les maisons éventrées. Les pierres écroulées, les poutres fumantes encombrent les rues désertes et, parmi ces débris qui les endiguent, les eaux stagnantes croupissent meurtrières.

Je vois le receveur de l'hôpital qui s'en va, par les rues désolées, percevoir les cens et les rentes dus à l'hospice. Il enjambe les ruines, franchit les cloaques et trouve les maisons vides. Les maîtres sont morts. Un jour, les chars les ont menés en terre comme des choses viles. Personne n'y a pris garde et ne l'a retenu. Dans maintes demeures hantées de pestilence gisent des cadavres oubliés. Le receveur, homme exact, note sur ses papiers les misères qu'il voit, sans épouvante. Il écrit des choses terribles qui ne le troublent point : « Morts — Tous morts — Morts et maisons ruinée — Morts et caution aussi — Trouvé mort dans sa maison abandonnée par ses héritiers... » Puis le receveur poursuit sa tournée lugubre avec indifférence et son sac n'est point lourd de deniers.

J'entends les gémissements qui montent de la ville, comme Dante perçut les voix tumultueuses des damnés qui vécurent sans blâme et sans éloge. La misère est atroce : les champs sont dévastés, les maisons pillées, les troupeaux enlevés. Les Spinaliens qui s'aventurent dans les campagnes peu sûres, pleines d'ennemis et de brigands, sont détroussés ou mis à mal. Les bourgeois se blottissent derrière leurs murailles et leurs portes closes, dénués de tout, souffrant la faim, angoissés par la peur, incertains du lendemain et craignant toujours la pâle mort qui les guette. Ils écrivent des suppliques, qui sont de longs cris de détresse, des lamentations navrantes, des appels véhéments et sans espoir à la pitié des Grands.

Et cependant, je songe que ces hommes

misérables restent bons dans leur cœur. Ils gardent leur foi au Duc qui est leur Prince et dont les ancêtres leur furent bienveillants. Ils lui demeurent fidèles, malgré qu'il les accable et les martyrise. Ils oublient sa folie, dont ils sentent cruellement les effets. Ils ne retiennent que sa qualité souveraine et leur loyalisme traditionnel. En vérité, ils n'attendent qu'un retour de fortune, un succès des armes lorraines pour louer Dieu avec allégresse et acclamer leur Duc victorieux. C'est pourquoi leur âme est belle et vertueuse.

Ces hommes admirables reposent maintenant dans ce lieu morne, et cette terre pelée les recouvre tristement. Huit mille Spinaliens, une ville, un peuple, ont fait ici leur migration funèbre.

La petite croix rompue signifie tout cela. Elle est le mince symbole d'une grande infortune. La colonne de pierre, simple comme l'âme des bourgeois qu'elle honore, évoque de graves souvenirs, qui flottent sur les champs dépouillés, parmi les sombres nues. Et ces souvenirs m'attristent et m'émeuvent.

Hélas ! Ces choses sont oubliées. Les hommes légers ignorent le sens de cette croix perdue dans la campagne, entre la terre et le ciel, comme une épave sur les flots. Ils ne saluent point au passage le signe angoissant. Même ils ne passent pas devant lui, ne sachant guère qu'il existe. Ainsi le silence et l'oubli l'enveloppent lourdement.

Quelques années en çà, le laboureur, en fouillant le sol de sa charrue, a découvert les pauvres ossements blanchis, plus nombreux que les pierres et à peine enfouis. Il a troublé sans remords la paix des trépassés. Et je pense que ces corbeaux qui s'envolent et lentement tournoient dans l'air sont leurs âmes en peine qui demandent une sépulture décente. Mais les hommes ne les entendent point, les ayant reniées.

Il me plaît de faire au pied de la petite croix, source de force, emblème de noblesse, mon pélerinage fidèle. Et pieusement je dépose sur la pierre lépreuse une suave pensée de rêve.

Quelques Soldats de Napoléon

Quelques Soldats de Napoléon

Des armées napoléoniennes, décimées sur les champs de bataille et brisées à Waterloo, tout n'avait pu mourir. Il restait, pour l'immortalité, le souvenir d'une gloire jusqu'alors inouïe. Il restait, dans le siècle, des hommes admirables, épaves glorieuses d'un naufrage sublime. Ces hommes achevaient dans la retraite, le silence et l'oubli, une existence épargnée par les balles et commencée dans le fracas des batailles, le tumulte des camps et l'éclat des victoires. Ils avaient gardé l'empreinte de leur vie rude et noble. C'est pourquoi ils donnaient, simplement et sans penser, l'exemple des plus belles vertus. Ils étaient exacts et corrects, sous des dehors bourrus débonnaires et bons, d'une franchise brutale, d'une fierté farouche et, avec tout cela, d'une candeur enfantine. Car, selon le mot de Balzac, « il y a souvent de l'enfant dans le vrai soldat, et presque toujours du soldat chez l'enfant, surtout en France. »

A cette heure, ils vivaient dans la paix, songeant à leur Empereur et parlant de sa gloire. Ils étonnaient leurs contemporains de leurs récits incroyables et laissaient à la postérité de magnifiques leçons d'énergie. Déjà, comme aujourd'hui, partout où on les trouvait, dans les pauvres villages comme dans les villes, ces mâles figures apparaissaient nimbées d'un rayon du soleil impérial, d'une auréole d'épopée et de légende.

Mais ces vétérans, pacifiques et tranquilles, ne goûtaient point le repos sur le sol de France. La politique a de ces infamies ! Les agents du Roi les épiaient comme des suspects, les molestaient comme des rebelles et comme les survivants d'un régime haï et redouté jusque dans ses souvenirs.

De ces vieux soldats, vétérans, retraités ou « demi-solde », il y en avait partout, dans les villes et dans les campagnes, parce que de toute la nation des hommes étaient venus aux armées impériales; il y en avait dans les Vosges et à Epinal, parce que, fidèles à leur passé, Epinal et les Vosges avaient eu leur grande part de la gloire et des misères communes. Quelques années en çà, les anciens contaient de ces vieux braves des histoires parfois comiques et toujours émouvantes. Il me plaît de rappeler tout ce que j'en sais, pieusement, comme on dépose une palme sur la tombe des héros. Sans doute ce simple hommage, qui honore les morts, édifiera les vivants. Jamais, n'est-il pas vrai, ces enseignements de l'histoire ne furent plus profitables.

En 1814, un de ces vétérans habitait le Val-d'Ajol. Il connut qu'une troupe de Bavarois devait traverser les forêts immenses qui s'étendent à la ronde. Sa résolution fut prompte. Il prit son fusil, s'embusqua dans le taillis et attendit, seul et sans peur, le passage des ennemis. Quand il les aperçut, il épaula son arme et tira un coup de feu, qui d'aventure n'atteignit personne. Aussitôt découvert et fait prisonnier, il fut conduit à Epinal où un conseil de guerre le condamna à mort. L'exécution devait avoir lieu le jour suivant, dans le cimetière.

Le lendemain, à l'heure de midi, le condamné gravissait, au milieu des soldats, la côte rapide qui mène au Champ des Morts. Une foule de Spinaliens lui faisait cortège, cordiale et angoissée, curieuse tout de même du drame qui se préparait. Ainsi, les hommes sont durs et avides d'émotions. Dans le cimetière, une fosse était creusée, où l'on devait jeter le corps du supplicié.

Le Français s'agenouilla sur le bord de la fosse et, sur sa face tranquille, aucun muscle ne tressaillit. On lui banda les yeux et, une fois de plus, le vieux soldat attendit la mort avec sérénité.

Déjà, le peloton d'exécution était aligné, et les Bavarois abaissaient leurs fusils. Soudain, on aperçut un cavalier qui accourait, à bride abattue, agitant un fanion blanc. Il apportait la grâce du Français. Celui-ci l'accueillit simplement et sans joie apparente, tandis que la foule se réjouissait, bruyante.

Ces hommes étaient trempés et leur âme était grande. C'est qu'ils avaient au cœur l'amour de leur pays et le culte de celui qu'ils nommaient tour à tour : Il, Lui, l'Enfonceur, la Victoire, le Tondu, le Caporal, la Violette, l'Amante, la Maman, le Monde, Dieu, *l'Empereur* (1). Pour rester fidèle à ce culte, ils auraient tout bravé, la mort même.

Quand Napoléon revint de l'île d'Elbe, le 6e régiment de dragons tenait garnison à Epinal. Il reçut l'ordre de rallier le corps du maréchal Ney qui devait arrêter la marche triomphale de l'Empereur. Au départ, on commanda aux dragons de crier : Vive le Roi ! Ils crièrent, mais ils ajoutèrent tout bas : de Rome !

Et à peine sortis de la ville, ils arrachèrent de leurs casques la cocarde blanche qu'ils remplacèrent par la cocarde tricolore aux couleurs glorieuses.

Après 1815, après la chute de l'Aigle, les vieux soldats marquèrent en toute rencontre leur attachement à l'Empire.

---

(1) G. d'Esparbès. — Les demi-solde.

Il y avait à Epinal, un vieux jardinier, qui s'appelait Nicolas-Joachim Dupays. Son prénom de Joachim le remplissait d'orgueil. Il disait qu'il « avait cela de commun avec le Roi de Naples, Joachim Murat. » Et son amour pour l'Empereur et la famille impériale s'en trouvait accru. Il détestait d'autant le Roi et la dynastie des Bourbons. En vérité, il partageait son cœur et son hommage entre Saint Fiacre, patron des jardiniers, et Napoléon, son grand patron à lui, le patron des grognards.

Les grandes affections ne sont pas muettes, et Dupays éprouvait sans cesse le besoin de publier son culte. N'étant pas orateur, il ne faisait point de discours et criait seulement : Vive l'Empereur ! Cela lui suffisait. Mais il criait très haut et partout, sans prendre souci qu'il pût être entendu. Il fut dénoncé et traduit devant le Tribunal correctionnel d'Epinal. Le 26 avril 1816, le Tribunal le condamna, pour discours séditieux, — le mot est ironique, — à trois mois de prison et six mois de surveillance.

Dupays purgea sa peine sans une pensée de révolte, avec la résignation d'un philosophe et la patience d'un vieux soldat. Qand il sortit de prison, il dit au geôlier, simplement :

— Ne jetez pas ma paille. Avant longtemps, je reviendrai ici.

Dès qu'il fut libre, il clama de plus belle : Vive l'Empereur! Il fut poursuivi derechef et condamné, cette fois, à trois ans de prison. La justice royale ignorait la clémence. Nicolas-Joachim Dupays, qui était un vieillard inoffensif, chargé d'ans et de maux, n'acheva point sa peine. Il mourut en prison, sans regrets, pour avoir crié le nom de son dieu.

Le gouvernement de la Restauration poursuivait les vétérans des tracasseries les plus mesquines. A Fouchécourt habitait un capitaine en retraite nommé

Chardin. Il avait fait toutes les campagnes de l'empire : il avait pris part à trente-sept batailles rangées et à quarante-sept combats. Par une fortune miraculeuse, les boulets et les balles l'avaient toujours épargné et il avait coutume de dire, avec une grâce mythologique, qu'il était « le favori de Mars ». Il avait accompli maintes actions d'éclat et l'Empereur l'avait décoré de sa main sur le champ de bataille.

Le capitaine Chardin portait la moustache, à la mode des soldats de Napoléon. Les autorités prirent ombrage de cet ornement naturel, — « de son mâle visage ajustement sans tache », chanta un poëte local, — et lui enjoignirent de le supprimer.

Chardin obéit. Il coupa sa moustache et l'envoya au général, de qui l'ordre émanait, avec cette lettre qui abondait, selon le goût de l'époque et les usages militaires, en métaphores audacieuses :

« Mon général. J'ai l'honneur de vous envoyer ma moustache que la politique du jour fait tomber. Je vous prie de croire qu'elle est sans peur et sans reproche. Elle a marché plus de vingt-trois ans dans le sentier de l'honneur et de la gloire, sans avoir jamais eu d'autre ambition que celle de combattre pour les intérêts de mon pays et la gloire de l'Empereur ».

Il ne faut pas se moquer : ces hommes savaient assez bien se battre pour avoir le droit d'ignorer le reste.

Ecoutez cette autre aventure :

Tous les ans, le 21 janvier, un service solennel, en mémoire et en expiation de la mort de Louis XVI, était célébré dans toutes les églises du Royaume. On y conviait les autorités, les fonctionnaires, les *officiers en retraite* et en demi-solde, les chevaliers de Saint Louis et les membres de la Légion d'honneur. Tous devaient revêtir leur plus belle tenue et porter un crêpe au bras ou à l'épée. Ce service commémoratif eut lieu pour la première fois à Epinal, le 21 janvier 1817. Un vétéran, nommé Clupeau, y assistait. Il avait servi dans le corps des mamelucks de la garde et vivait retiré dans un village proche Epinal.

Clupeau avait endossé avec bonheur son coquet uniforme aux couleurs fanées. Il avait attaché sa croix sur sa poitrine et noué un crêpe à la garde de son sabre. Et radieux, le mameluck se cambrait avec orgueil et revivait ses heures de gloire. Les Spinaliens s'étonnaient de son costume oriental, insolite et étrange parmi les vieilles pierres et les formes gothiques de l'église. Mais quelques jeunes officiers, agités de royalisme, s'en offusquèrent. Ils prièrent le général, qui était présent, de renvoyer le mameluck dont le vêtement était séditieux. Le général manda le pauvre Clupeau, le chargea de reproches et le chassa de l'église. Clupeau sortit, frémissant de colère, et s'écria dans la rue :

— On me chasse ignominieusement à cause de ma tenue. On ne sait donc pas que ce vieil uniforme, mon unique vêtement, a vu plus de cent fois le feu de l'ennemi et qu'il s'est toujours glorieusement tiré d'affaire.

Puis il regagna tristement son village qu'il ne quitta plus.

En vérité, si les partisans du nouveau régime haïssaient et molestaient les impérialistes, ceux-ci le leur rendaient bien. A preuve cette anecdote que je vais raconter.

En l'année 1820, après l'assassinat du duc de Berry, le Roi chargea son neveu, le duc d'Angoulême, de parcourir la région de l'Est et d'y étudier l'état de l'opinion. Au cours de son voyage, le duc ne laissa point de visiter Epinal et il y séjourna quelque temps. Il inspecta, au Champ-de-Mars, le régiment des Dragons de la Seine, qui tenait garnison dans la ville. De nombreux Spinaliens s'étaient rendus sur le terrain de la revue. Un officier retraité, le capitaine Lentretien, s'était mêlé à la foule et, se poussant des coudes et des épaules, avait gagné le premier rang. D'aventure, ce capitaine avait avec le duc d'Anjou, père du duc d'Angoulême, une ressemblance singulière. Il en avait la taille, la tournure, les traits et le sourire, C'est pourquoi les Spinaliens l'avaient nommé : le capitaine d'Anjou.

Un fonctionnaire de la suite du duc reconnut Lentretien et proposa au prince de lui présenter ce sosie de son père. Le prince y consentit. Mais Lentretien déclara, avec beaucoup de dignité, que ses idées politiques et les sentiments qu'il gardait à l'empereur déchu ne lui permettaient point d'accepter cet honneur. Il se perdit dans la foule et regagna son logis. Il avait donné un bel exemple de rare fidélité et de fierté toute romaine.

Avec le temps, les passions s'assoupirent et l'apaisement se fit. Les vétérans purent enfin goûter un repos et une sécurité qu'ils avaient noblement gagnés.

Il y avait à Epinal un vieux soldat du nom de Jacques Pilgrain. Avant de partir au service, il travaillait chez un huilier nommé Parvé. Il appelait son usine : « l'huillie Palvé ». L'huilerie était une des plus vieilles industries de l'ancien Epinal et l'usine Parvé était située dans le Faubourg Saint-Michel.

Pilgrain resta toujours un déplorable grammairien, mais il devint un brave soldat. Un jour il accomplit cet acte de vaillance qu'il avait coutume de narrer avec la plus simple modestie: C'était pendant les guerres d'Allemagne. Dans une bataille, sur les bords du Danube, le régiment de Pilgrain, cerné par les Autrichiens, fut gravement malmené. Même le drapeau tomba entre les mains de l'ennemi. Pilgrain s'en aperçut. Au travers des baïonnettes et des sabres, risquant mille fois la mort, il se rua sur l'Autrichien qui emportait le drapeau et le lui arracha. Puis, serrant sur sa poitrine son précieux fardeau, il s'enfuit vers le fleuve qu'il traversa à la nage, sous une grêle de balles. Par bonheur, Jacques ne fut pas blessé. Il reçut, pour cette action d'éclat, la croix d'honneur et l'épaulette d'officier.

Rentré dans sa bonne ville, Jacques Pilgrain y coulait la vie simple et sans trouble du vieux soldat. Souvent, avec d'anciens frères d'armes, il pénétrait en quelque auberge familière. Et là, dans la chambre basse au plafond enfumé, aux poutres massives, aux murs blancs, ornés d'images d'Epinal où l'on voyait Napoléon, les vétérans *marendaient* (1), à l'antique coutume des anciens bour-

(1) Goûtaient.

geois. Cependant ils devisaient de grandes choses, de leurs campagnes, de leurs souffrances, de leurs victoires et de l'Empereur. Et dans leurs prunelles à demi-éteintes de vieillards patients et résignés, énergiques et doux, passaient de magnifiques visions d'épopée.

Il y avait aussi les trois soldats, Demarne, Diez et Saulus, qui menaient dans les bois pleins de mystère leurs rêves héroïques et, sous les belles futaies, évoquaient leurs glorieux souvenirs. Ce sont eux qui créèrent la Fontaine des Trois Soldats : ils captèrent les eaux vives de la source et dirigèrent leur cours en un ruisseau qui murmure ; ils embellirent amoureusement les abords de la fontaine et sculptèrent dans la roche, qui la surplombe, les emblèmes qu'on y voit encore, l'aigle, la croix d'honneur, le soleil d'Austerlitz, avec cette inscription : Fontaine des Trois Soldats, 2 décembre. Anniversaire de la fondation de l'Empire et de la bataille d'Austerlitz, livrée par les trois empereurs, 1805-1842. Demarné, Saulus, Diez.

L'un d'eux, Demarne, ancien sergent au 88e de ligne, était chevalier de la Légion d'honneur. Il avait reçu, à Pulstuck, un terrible coup de sabre dont il gardait les traces. Entre les yeux et la bouche, une longue cicatrice sillonnait son visage, coupant le nez et les deux joues. Une inscription, gravée en lettres romaines sur une pierre debout, pareille à un cippe, rappelait cet événement et la réponse lapidaire que fit à ce sujet le sergent Demarne.

Un jour, au cours d'une revue passée par les deux souverains, Napoléon et Alexandre, l'empereur de Russie, remarquant la balafre de Demarne, lui demanda :

— Qui t'a fait cette blessure?

Demarne répondit fièrement :

— Le vengeur de deux de ses camarades, Sire.

Souvent je songe, avec émotion et avec un regret, au temps lointain, hélas ! où vivaient des hommes qui avaient fait de si grandes choses et remuaient de tels souvenirs.

La Chapelle Saint-Georges

A Madame Henri Perrout.

La Chapelle Saint-Georges

(Légende)

Il y avait autrefois dans l'enceinte du château d'Epinal une tour svelte et élancée, coiffée d'ardoises, qu'on appelait la Tour Saint-Georges. Elle était reliée au donjon par une galerie de bois et dominait le faubourg de la Porte d'Ambrail. A l'étage inférieur se trouvait la chapelle castrale, dite aussi la Chapelle Saint-Georges, et, d'une meurtrière ouverte sous le toit, un guetteur veillait et observait la campagne lointaine.

La chapelle n'est plus. Elle est morte avec le vieux château, avec les tours et les murailles de la ville, avec les libertés et les noblesses spinaliennes. Il en reste un souvenir plein de douceur et de tristesse. C'est une légende que je vais raconter.

En l'année 163., vivait à Epinal une belle jeune fille, innocente et candide, nommée Catherine Noblet. Et les bourgeois doutaient s'ils devaient s'étonner davantage de sa beauté ou de sa vertu. Cependant, pour sage qu'elle fût, Catherine n'était point insensible.

Après les défaites lorraines, un lieutenant français des dragons du Roy qui occupaient la ville, Philippe de G..., s'éprit follement de ses charmes et le lui déclara. Et Catherine, avec une grâce naturelle, se laissa aimer du galant officier.

Les deux amoureux vécurent des heures harmonieuses de regards confondus, de soupirs heureux et de tendres étreintes. Ils se promirent tous deux une foi éternelle et jurèrent que, dans la mort, leurs âmes resteraient unies.

Hélas ! les hommes ne sont point maîtres de leurs destinées. En croyant au bonheur, Catherine et Philippe avaient fait un doux rêve, un rêve trop beau et vain comme tous les rêves.

Le père de Catherine, Guillaume Noblet était un Spinalien fervent, à l'âme rude et fière. Il poussait jusqu'au fanatisme le culte qu'il vouait à sa bonne ville et à sa patrie lorraine. Il eût donné sa vie pour sauver leur indépendance et leur gagner de la gloire. Tant qu'il en eut la force, il combattit dans les armées lorraines et fut blessé deux fois au service de son Duc. Devenu vieux, il n'abandonna point la cause de son pays. Il fut des compagnons de Didier Bricquel, la nuit que celui-ci ouvrit les portes d'Epinal aux troupes ducales et leur livra la garnison française. En vérité cet exploit ne fut guère profitable. Au bout de peu de temps, l'armée lorraine était vaincue et la ville d'Epinal retombait au pouvoir des Français.

De ce temps, Guillaume Noblet vécut dans la retraite. Il s'enfermait dans son logis et y demeurait, sombre et farouche, roulant contre les soldats du Roy de France des pensées de haine. Il gardait près de lui sa rapière fidèle, devenue trop lourde pour son bras. Sans cesse il la fourbissait avec amour, comme s'il l'eût tenue prête pour les combats futurs. Il l'enveloppait d'un regard caressant et un soupir de regret, soudain, gonflait sa poitrine.

Guillaume adorait sa fille, mais, s'il avait connu ses amours, il l'eût accusée de trahison et maudite sans pitié. Catherine se contristait de cette rancune tenace qu'elle ne comprenait point. Le cœur des femmes ignore les raisons de l'esprit. Et puis, se pouvait-il que le beau cavalier, qui savait lui dire tant de choses si tendres, lui devînt haïssable ?

Un jour, de male fortune, Guillaume Noblet surprit les deux amoureux, les mains unies, dans le moment que Philippe posait sur le front de Catherine le chaste baiser des fiancés. Guillaume chancela et un nuage passa devant ses yeux. Puis il rugit de colère. Il cria que Philippe était infâme et que, lâche et félon, il volait l'honneur de son ennemi vaincu. Il courut s'armer de sa rapière et, menaçant le Français atterré, il le défia sur l'heure.

D'instinct Philippe avait tiré son épée et, croisant le fer, s'était mis en défense. Mais il aperçut Catherine suppliante, affolée d'épouvante et d'angoisse. Il laissa retomber son bras et offrit sa poitrine aux coups du vieux Lorrain. Il reçut en plein cœur un grand coup d'estoc et tomba lourdement. Un sourire courut sur ses lèvres pâlies et il expira en murmurant faiblement le doux nom de Catherine.

Alors le vieillard, la face blême, sans une parole, d'un geste grave, chassa la jeune fille de la demeure tragique. Et Catherine, courbant la tête, sortit lentement, accablée de chagrin et de honte.

Dès le jour suivant, l'événement fut connu de tous les bourgeois. Guillaume, plus morne que jamais, refusa de répondre aux hommes de justice qui l'interrogeaient. Il apparut clairement que le dragon du Roy avait été tué en duel et l'administrateur de la Cure refusa de le porter en terre sainte. Il fut inhumé en terre profane, sans honneurs, comme un mécréant ou un criminel.

Cependant Catherine errait parmi la ville, troublée dans sa raison et appelant la mort. Elle apprit que l'âme de son fiancé était rejetée par l'Eglise comme une âme indigne. Alors elle résolut de mendier pour elle une prière suprême. Et cette pensée lui rendit sa force et son courage.

Elle gravit la colline du Château et s'en fut trouver le chapelain de Saint-Georges. Elle se traîna à ses pieds, baisant sa robe de bure et la mouillant de ses larmes. Et, d'une voix coupée de sanglots, elle le supplia de prier pour le repos de l'âme en peine.

Le chapelain était plein de bonté, parce qu'il était très vieux et parce qu'il connaissait les faiblesses humaines. Il se laissa toucher et promit que, le soir même, il célébrerait une messe expiatoire.

A l'heure de minuit, la fenêtre gothique de la Chapelle Saint-Georges s'éclaira d'une faible lumière rouge, comme une étoile s'allume dans le ciel noir. Et, dans le sanctuaire noyé des ombres de la nuit, à la lueur vacillante d'un cierge, le chapelain psalmodia la messe du mort.

Une femme, agenouillée sur les dalles, priait avec ferveur, immobile comme les statues de pierre qui l'entouraient. Ainsi Catherine demeura longtemps abimée dans la chapelle castrale, parmi les nobles images des chevaliers en cottes de mailles, des seigneurs en robes longues, du Christ dolent et pitoyable.

La messe se poursuivit et, pour la dernière fois, le prêtre éleva le calice d'étain. Alors, Catherine défaillit au pied de l'autel et elle rendit l'esprit, tandis que de ses lèvres montait, comme une plainte douce, le nom de son fiancé.

On raconte que tous les ans, à la même heure et à pareille époque, deux fantômes enlacés planaient au-dessus de la chapelle Saint-Georges. C'était le pèlerinage touchant que Dieu, plus clément que les hommes, accordait aux deux fiancés unis dans la mort éternelle. Cependant les feuilles cessaient de palpiter, les oiseaux de nuit cessaient de hululer. Et, dans le grand silence des choses assoupies, on entendait une musique suave et lointaine. C'était le chant des deux âmes, de France et de Lorraine, qui glissaient dans l'espace, heureuses enfin de s'être tant aimées.

Aujourd'hui les fantômes ne hantent plus la terre. Ils craignent de se mêler au siècle devenu sceptique et grossier. Toutefois il est encore des hommes qui savent les appeler. Quand, à la cîme du mont couronné de ruines saintes, le vent balance les arbres et chante dans les feuillages, quand les corbeaux tournoient en croassant, les souvenirs se pressent devant les yeux et le passé surgit soudainement évoqué. Alors il semble que les deux ombres reviennent, qu'elles passent dans les nuages et qu'elles sourient à ceux qui leur sont bienveillants et gardent leur mémoire.

C'est pourquoi il me plaît de m'asseoir dans le lieu solitaire où s'élevait autrefois la tour Saint-Georges et, devant la frêle muraille qui subsiste lépreuse et rongée par le lierre, percée d'une fenêtre ogivale, je laisse flotter mon rêve.

La Justice

—

A mon ami Albert Desbleumortiers.

La Justice

Avril 1904.

Ce matin-là, je gravissais le chemin qui est dit le Chemin des Patients et qui mène du faubourg Saint-Michel (ancien faubourg de la Fontaine) au sommet de la colline nommée autrefois le Chaumont ou Peine-Perdue et aujourd'hui la Justice. En vérité, cette colline, où rient des bouquets d'arbres et des cultures pacifiques, ne mérite plus aucun de ces rudes surnoms. Mais il faut bien respecter les traditions.

Je n'étais point seul. Une troupe d'hommes cheminaient avec moi. Je les voyais par la pensée, car ces hommes étaient des ombres. Ils étaient revêtus de costumes bizarres et surannés : les uns portaient de longues robes, les autres des hauts de chausse, des cottes et des surcots bariolés. Sous les bonnets, dont ils étaient presque tous coiffés, je voyais des figures étranges. Je sentais bien qu'elles n'étaient point de ce temps et pourtant j'éprouvais qu'elles ne m'étaient pas inconnues. Bien que je ne les eusse jamais vues, je les reconnaissais.

C'étaient les douces images que, dans la paix de ma rêverie, j'évoque si souvent en esprit. C'étaient mes bons et fidèles amis, les vieux bourgeois spinaliens. Précédés, selon leur coutume, de quelques ménestrels, ils allaient la mine réjouie et la démarche allègre, au rythme des fifres et des tambours. Cependant, au milieu du cortège joyeux, un homme marchait, étroitement lié et entouré de gardes. Ses liens et ses entraves, son corps harassé et rompu, son visage dolent lui donnaient un air de souffrance, de « patience », qui m'inspirait une grande pitié. C'était un pauvre hère, un « patient » que la troupe des hommes menait « l'âme rendre », comme il est dit de Semblançay, dans l'épigramme de Clément Marot.

Les hommes se réjouissaient d'une tâche sinistre. Sans doute, il est selon le droit que le crime soit puni et je comprends que la conscience humaine s'en trouve satisfaite. Toutefois mes vieux bourgeois, enclins pour l'ordinaire à l'indulgence et à la philosophie, se montraient en ce point rudes et cruels, et j'en étais choqué. Allais-je douter de mes ancêtres ?

Je continuai de promener mon rêve.

Voici que je longe un champ dont la terre est fraîchement remuée par une culture récente. Pour un autre que moi c'est un champ comme tous les champs et dans son apparence rien ne le distingue. Pour moi, il évoque des souvenirs plaisants. Je le vois planté de navets comme autrefois. Je vois une troupe de petits grimauds, dont j'étais, déracinant les navets et les croquant tout crus avec volupté. Ils étaient détestables, mais nous les jugions exquis, parce qu'ils étaient les navets d'autrui, les légumes défendus. Les enfants n'ont point le sens du juste et de l'injuste.

En tirant vers la droite, je gagne le petit bois qui couronne la colline, proche la maison de ferme. Jadis je n'entrais pas dans ce petit bois sans ressentir une exquise terreur. Les enfants sont des poëtes magnifiques, de merveilleux assembleurs d'images. Ils le sont sans effort et sans orgueil et en cela ils sont aimables. Je m'attendais à voir surgir parmi les arbres des hommes à la mine farouche, à l'accoutrement singulier. Il y avait au milieu du bois une petite éminence. Je ne doutais point que ce fût le tertre où l'on dressait la potence,

Cette potence, je la devinais. Je distinguais sa silhouette effroyable et je n'eusse point été surpris d'apercevoir un pendu, la tête voilée de noir, oscillant au bout de la hart. Dans l'obscurité que répandaient les feuillages drus et les sapins noirs, ces visions étaient plus mornes et plus terribles. J'avais, il m'en souvient, un frisson délicieux.

Depuis, les années ont coulé et il a commencé de neiger sur ma tête. Mes goûts et mes idées ne sont plus les mêmes. Aujourd'hui que les bourgeons d'un vert tendre s'entr'ouvrent à la pointe des branches, que les oiseaux emplissent de leurs chants le petit bois paisible, ces choses me paraissent riantes. Je suis très sûr maintenant qu'on ne dressait pas la potence dans le petit bois, sur l'éminence que j'y voyais jadis et qui n'existe plus. On l'élevait, de coutume, non loin du signe patibulaire.

Vers le sud, la colline avance entre

les deux faubourgs de la Fontaine et du Grand Moulin, comme un promontoire entre deux bras de la mer. C'est là, à l'extrémité du promontoire, à la pointe de l'éperon que le signe était placé. Il était vu de très loin, de tous les points de la ville et des deux faubourgs. De la sorte, il était exemplaire, selon qu'il convenait. On pendait tout près de là. Chaque fois, les maîtres charpentiers de la ville édifiaient la potence, qu'ils démontaient après l'exécution. Le corps du supplicié était suspendu au signe patibulaire, où il demeurait exposé aux regards du peuple et à la voracité des oiseaux funèbres. Au bout de quelque temps, ses restes corrompus, son squelette décharné étaient enfouis sans honneur dans la terre prochaine. Je sais un champ voisin où, peu d'années en çà, la charrue mettait souvent à nu des ossements blanchis. Les crânes roulaient, heurtés par le soc, et le laboureur, philosophe comme le fossoyeur d'Hamlet, les détournait simplement et sans penser à la gravité du symbole. On montre aussi une sorte de ravin que l'on nomme, je ne sais pourquoi, le Trou des Pendus. On dit que l'on y jetait les restes des suppliciés. Cela n'est vrai ni vraisemblable, mais cela amuse l'imagination des hommes, avides de légendes.

Ainsi les mornes souvenirs flottent sur la cîme verdoyante de la colline immuable et font tristement songer au néant de tout.

Je ne sais rien de plus doux que d'errer solitaire entre le ciel profond et les champs qui frissonnent au vent léger. Quand j'arrive au bord du plateau, le sol se creuse sous mes pieds et ma vue se répand sur un large horizon. J'embrasse d'un regard ravi la ville entassée, la Moselle qui s'allonge et les collines brumeuses. Hélas! Ce lieu ne fut pas toujours le refuge silencieux du promeneur paisible. Il connut à travers les siècles les troubles et les agitations de la guerre. Durant les nombreux sièges que soutint Epinal, les assaillants ne laissèrent point d'occuper cette position dominante d'où ils précipitaient sur la ville la mort et la ruine.

J'ai déjà raconté que le 12 octobre 1870, les Spinaliens apercevaient sur la côte de la Justice, comme ils disent, les canons allemands alignés et les tirailleurs dont les balles tombaient dans la rivière aussi drues que la grêle.

Au mois d'août 1641, M. du Hallier, maréchal de France, établit son artillerie sur la croupe pour réduire le Château. Ses batteries canonnèrent la forteresse qui riposta de son mieux et fit une belle défense.

Dans le moment que j'écris, j'ai sous les yeux une ancienne estampe qui figure cet épisode. Le graveur, du nom de Beaulieu, apporte dans son dessin beaucoup de fantaisie. Entre autres licences, il fait couler la Moselle le long du faubourg Saint-Michel. Jugez sur cet exemple la vérité des images historiques.

Je me tiens en la place d'où, selon les apparences, les canons du Roi tirèrent sur le Château. Le Château n'est plus. Un autre général français ne l'a point épargné et l'a détruit. Mais la colline où s'élevait le donjon, la colline glorieuse est toujours là, jonchée de ruines, habillée de feuillages, et couronnée d'antiques sapins. A vol d'oiseau, elle paraît très proche. En ce temps-là, on se canonnait à une portée de nos pistolets. Les gros boulets de fer, qui feraient aujourd'hui la joie des collectionneurs, franchissaient lourdement la vallée étroite comme un ravin, au-dessus des pauvres maisons submergées d'épouvante. Je me représente ce duel d'artillerie où les canons, à vrai dire, firent plus de bruit que de mal. Et j'avoue que ce combat, qui causa tant d'alarmes à nos pères, me fait un peu sourire. Je songe en frémissant aux ravages que les engins modernes feraient à cette distance. La lutte serait brève et autrement terrible.

C'est encore du haut de la colline de Peine Perdue qu'une bombarde de Thiébaut de Neufchâtel, maréchal de Bourgogne, braquée sur l'Eglise, lança le projectile qui vint donner dans l'abside et troua la verrière. Le peuple étant à cette heure entassé dans la nef, où il priait dévotement, il fallait craindre un désastre. Heureusement Saint-Goëry, dont la benoîte image est peinte sur un vitrail, veillait sur ses bourgeois. Le projectile n'alla pas plus loin. Le bon saint l'arrêta aisément du revers de sa main, comme on fait un galet. Et le boulet retomba pesamment, inutile et stupide, sur les dalles de l'Eglise qu'il emplit d'un grand bruit.

Mais le siège le plus curieux que ma promenade sur ce plateau me remet en mémoire, c'est le siège que Conrad Bayer de Boppart, évêque de Metz et seigneur d'Epinal, y mena contre la ville. Il est convenu de dire que Conrad se montra en toute rencontre le plus hautain des princes et le plus injurieux des seigneurs. J'en conviens et me garderais bien de prendre si peu que cela le parti d'un despote contre mes chers bourgeois. Pourtant, en bonne justice, il faut bien avouer que ceux-ci n'étaient maniables ni dociles, et qu'aux exigences du maître ils savaient opposer cette ferme et fière indépendance qui était leur plus belle vertu. Ils le firent bien voir quand, l'évêque de Metz demandant qu'on lui livrât le château, ils refusèrent tout net. Conrad, qui était d'Eglise, aurait dû pratiquer la douceur et l'oubli des injures. Il était au rebours orgueilleux et violent. Ainsi les actions des hommes ne s'accordent point à leurs doctrines. Pour se venger des Spinaliens, Conrad fit arrêter et emprisonner dans son château de Vic trois de leurs bourgeois, Baudenet Dirou, Colin Etienne et Huot Bœuf. Et il les retint en fers et en ceps jusqu'à ce qu'il lui eussent payé une rançon de mil huit cents florins d'or. Les Spinaliens, obstinés dans leur droit, ajournèrent l'évêque devant la cour de Rome et le pape lui ordonna d'élargir les prisonniers et de rendre la rançon. Conrad entra dans une grande colère. Une nuit, il arriva avec ses gens sur la colline de Peine-Perdue et y fit édifier un chastel de bois pour abriter ses canons et ses soldats. Puis il commença de bombarder la ville. Les bourgeois tinrent bon et résistèrent si bien aux bombardes épiscopales que Conrad assagi accepta de recevoir leurs députés.

Ils s'en vinrent devant lui sous la

sauvegarde de Jean Loïs, chevalier du pays de Lorraine, et de Gérard de Pasenolle, bailli de Vaudémont. Et, la paix étant signée, Conrad se trouva confirmé dans sa seigneurie avec les droits, sans plus, de ses prédécesseurs.

Or il advint que le jour où le siège commença, une grande pluie se mit à tomber qui ne cessa plus. Ce fut proprement un déluge. Il semblait que le soleil fût à jamais éteint et que le ciel se fondît en eau pour noyer les hommes, les bêtes et les choses et submerger la terre. La Moselle, la tranquille Moselle roulait des flots tumultueux et, sortie de son lit, elle enlevait les baraques, déracinait les arbres et emportait les toiles étalées sur les gravots. Elle charriait des meubles rompus, des planches, des pieux, des troncs d'arbres et des cadavres d'animaux. Ainsi les Spinaliens perdirent beaucoup de biens.

Les soldats de Conrad, mouillés comme

des barbets, avaient la mine piteuse sous leurs harnais ruisselants et leurs panaches déchus. Et ils murmuraient sans vergogne contre leur chef, le ciel et les ennemis. Le peuple d'Epinal, simple dans ses jugements, chargea de tous ses maux Monseigneur Conrad. L'évêque avait méconnu les ordres du Saint Père et, à n'en pas douter, la colère de Dieu était sur lui. Seulement, avec l'ampleur coutumière des représailles divines, les innocents en pâtissaient. C'est ce que les Spinaliens ne pouvaient pas comprendre, étant pleins de candeur et de simplicité. Les femmes, plus hardies que les hommes et plus promptes à la révolte, se lamentaient hautement de leur disgrâce. Quand Conrad s'éloigna avec son armée et qu'il se perdit dans le lointain noyé de pluie, les bourgeoises lui montrèrent le poing et le poursuivirent de paroles véhémentes et de malédictions.

Mais, comme je m'enfonçais dans ces

souvenirs à demi comiques et à demi cruels, comme toutes les choses humaines, j'avais quitté le plateau de la Justice et me retrouvais dans la ville. Le rêve était fini. Aux bruits indiscrets de la rue, les fantômes s'enfuient effarouchés.

La Chapelle de Bourlemont

A Madame la Comtesse d'Alsace, Princesse d'Hénin.

La Chapelle de Bourlemont

(Légende)

En ce temps là, Hector était malkio ou roi du pays de Meuse. Il était fils du Soudan de Babylone et son frère était duc d'Athènes. Hector, roi et fils de roi, avait choisi une épouse illustre, Hélène, dame de Grancey, dont le père habitait un castel aussi vieux que le monde, dans une contrée peuplée autrefois de géants.

Au sommet d'une ample colline, Hector le malkio résidait, avec sa femme et sa cour, dans une forteresse qu'on appelait le Vieux Château ou Bourlemont.

Là était la capitale du royaume et la retraite paisible du roi. La rude forteresse écrasait de ses murailles et de ses tours les épaules de la colline. Et, au-dessus de la masse sombre des pierres qui tranchait sur le ciel, l'azur était plus limpide, les nuées étaient plus subtiles.

D'un côté, sur le plateau, les forêts des grands chênes s'étendaient à perte de vue. Elles étaient pleines d'animaux sauvages, de loups, de cerfs, d'aurochs et de sangliers énormes et féroces. Les cerfs bramaient dans les gorges et les halliers, et, dans les nuits d'hiver, quand la lune répandait une clarté d'argent, les gros loups cruels venaient hurler de faim aux portes du château.

De l'autre côté, la croupe dévalait rapide, comme un ravin se creuse. A son pied, la vallée se déployait, ourlée de collines brumeuses. Une étroite rivière y serpentait, aux eaux lentes, divisant les terres incultes. De rares cultures, quelques cabanes faites de troncs d'arbre et couvertes de roseaux, groupées ou semées dans la plaine, mettaient un peu de vie dans ces étendues mortes et révélaient la présence des hommes. Pourtant les Romains avaient passé par là. Une voie militaire s'allongeait, blanche et droite comme un glaive. Et, dans les brouillards légers du lointain, surgissaient les villes, les temples et les édifices imposants des vainqueurs.

Au milieu de ces choses, Hector le malkio menait une vie tranquille et libre de soins.

Par sa naissance, ses mœurs et ses alliances, Hector était païen. Il confondait dans un même culte, incertain et mêlé, les dieux de la Gaule et de Rome. Il adorait les forces de la nature, le soleil qui baignait de vie la plaine immense et faisait étinceler la rivière comme un lingot de métal, le vent qui mugissait dans les feuillages et rompait les arbres centenaires. Il connaissait Teutatès, le dieu du commerce. Il savait que de la bouche d'Ogmius, dieu de l'éloquence, sortent des chaînes d'or et d'ambre attachées aux oreilles des hommes captifs. Mais il gardait de la foi à Jupiter, par qui l'éclair sillonne la sombre nue, à Diane, au corps chaste, aux formes éclatantes, qui guide le chasseur et dirige son trait, aux dieux innombrables qui emplissent le monde, les bois, les monts, les plaines et les rivières, aux idoles de marbre, d'ivoire et d'or qui ornaient les temples nouveaux des Romains conquérants. Hector adorait tous ces mensonges. Il ignorait le vrai Dieu, le Dieu des chrétiens.

Par bonheur, Hector avait un neveu, nommé Denys, fils de son frère, le duc d'Athènes. Denys vivait à Rome où il étudiait les sciences et la philosophie. Et voici que Denys fut visité par la grâce, plus forte que tous les sophismes de ses maîtres, et qu'il connut la Vérité. Les saints et les chrétiens glorieux, qui pullulaient alors, lui firent entendre les paroles de vie. Ils lui expliquèrent l'incarnation, la vie et la passion du Christ et Denys crut en leur Dieu.

Avec une ardeur de néophyte, il vint porter la bonne nouvelle à son oncle et à sa tante. Hector et Hélène l'entendirent aussitôt et reçurent le baptême en la ville de Toul, capitale de la cité des Leuques. De ce temps ils s'appelèrent Amédée et Bonne.

Cependant Amédée et Bonne jouissaient de leur foi et nourrissaient le désir de marquer au Seigneur la force de leur amour. Ils résolurent de construire une chapelle, dédiée à sa louange. Mais ils doutaient s'ils devaient l'édifier sur la colline ou bien en quelque lieu de la plaine.

Un jour, Amédée et Bonne délibéraient sur ce sujet dans la grande salle du château. Le roi portait une robe longue et tenait dans sa main la baguette de bronze, insigne de son pouvoir. Autour du roi et de la reine siégeaient les dignitaires, les officiers et les écuyers, vêtus de braies et de saies, les cheveux teints en roux et relevés au sommet de la tête.

Au dehors le ciel était serein, et, par la large baie qui éclairait la chambre, le soleil radieux lançait une flèche d'or.

Soudain, au milieu de l'azur, un point blanc apparut qui grossit rapidement. Bientôt les assistants reconnurent une colombe d'une blancheur éclatante qui volait à tire d'aile vers le château. Elle entra dans la chambre, par la baie, et vint se poser sur la baguette du roi. Amédée comprit à ce signe la volonté divine, et il dit :

— C'est ici qu'il nous faut consacrer l'autel du Seigneur.

Et la chapelle fut bâtie à Bourlemont, dans l'enceinte du château.

Après quoi, le roi et la reine coulèrent une vie quiète et vécurent chacun trois siècles.

Amédée et Bonne avaient une fille, Bénédicte de Bourlemont, qui épousa Emilius, duc de Laon.

La pieuse Bénédicte était unie par les liens de la parenté à l'illustre saint Vincent, qui subit un martyre glorieux. Connaissant les tortures infligées à son parent, elle en fut contristée dans son cœur et révoltée dans sa foi.

Voici ce qu'on lui rapporta : Le préfet Dacien avait commandé que Vincent fût étendu sur un chevalet et que ses membres fussent rompus. Ensuite il l'avait fait placer sur un brasier et avait prescrit que des lames ardentes, des ongles et des peignes de fer fussent enfoncés dans sa chair. Enfin Vincent avait été jeté dans une prison et couché sur des tessons aigus, les pieds liés à un poteau. Et voici que les tessons s'étaient changés en des fleurs charmantes qui répandaient une odeur suave. Vincent, délivré de ses liens, marchait sur ces fleurs, sans les fouler, soutenu par des anges et chantant avec eux des cantiques d'allégresse. Quand ses gardiens sentirent ces parfums et entendirent ces chants de joie, ils furent saisis d'épouvante. Ils avertirent Dacien et, par son ordre, le martyr fut porté sur un lit moëlleux où il rendit bientôt l'esprit.

Bénédicte connut toutes ces choses, merveilleuses et cruelles, et elle fut remplie d'étonnement et d'horreur. Elle pensa qu'il serait bien de glorifier le martyr et d'expier le crime de ses bourreaux. C'est pourquoi, dans le lieu où fut l'ancienne chapelle, elle fit construire un sanctuaire qu'elle dédia à saint Vincent.

De ce temps, la douce Bénédicte sentit les effets de la faveur divine. Elle donna le jour à deux saints, qui furent saint

Principe et saint Félix. Puis, un vieux moine aveugle lui annonça qu'elle enfanterait un troisième fils. Un ange l'avait chargé de ce message :

— Va dire à la princesse Bénédicte qu'elle mettra au monde un fils qui aura nom Remy et deviendra archevêque de Reims. Le lait qui nourrira cet enfant te rendra la vue.

Quand elle ouït ces paroles, Bénédicte demeura incertaine, disant :

— Comment cela serait-il ? Mon époux et moi, nous sommes chargés d'ans et voici un demi-siècle que je n'ai conçu.

Le moine répliqua :

— Rien n'est impossible à Dieu. Marie n'est-elle point vierge et mère, tout ensemble ? N'est-il pas vrai qu'Elisabeth était octogénaire quand son fils naquit, le grand saint Jean-Baptiste ?

Bénédicte ne douta plus et répondit simplement :

— Je suis, en toute humilité, la servante du Seigneur.

De fait, elle accoucha d'un enfant mâle, dans le village de Rupt-sur-Meuse. L'enfant reçut le nom de Remy et dès lors le village fut appelé Domremy. Selon la prédiction, Remy devint archevêque de Reims et répandit sur la tête de Clovis l'huile de la Sainte Ampoule.

Une autre fois, Bénédicte, dévote et recueillie, priait dans son oratoire quand un ange lui apparut. Il lui donna une pierre précieuse d'une eau très pure et d'une grande beauté. Et il lui dit :

— Dieu vous envoie ce joyau qui sera la sauvegarde des Bourlemont. Celui qui le portera sera invincible et invulnérable, pourvu qu'il soit sans péché.

Chaque jour Bénédicte de Bourlemont venait prier dans la chapelle de Saint Vincent. Durant de longues années, elle continua d'y porter au Seigneur l'hommage quotidien de sa foi et de sa gratitude. Enfin, elle atteignit le terme de sa vie terrestre. Elle expira doucement, comme une lampe s'éteint, et son âme s'envola, comme une flamme, vers la nuit infinie.

La chapelle demeura. Mais le temps qui détruit tout, qui glace les êtres et qui mine les choses, n'épargne point les pierres. Les siècles coulèrent et la chapelle castrale, ruinée et caduque, subit la disgrâce de toutes les choses humaines.

Au XVIe siècle, la famille d'Anglure-Bourlemont, qui tenait le château, la restaura. A son instance, le cardinal Jean de Lorraine accorda une indulgence de cent jours aux fidèles qui visiteraient la chapelle neuve et y laisseraient une offrande. On raconte aussi que, jadis, les pèlerins venaient y chercher une huile sainte qui guérissait la surdité. Et de la sorte, la chapelle de Bourlemont continua de vivre.

Aujourd'hui, les nobles sépultures des seigneurs en sommeil peuplent la nef silencieuse et leurs images de pierre reposent entre les murs blancs. La chapelle est placée au centre du Château, dont les ailes s'éploient avec majesté. On la devine plus qu'on ne la connaît à une humble porte, à demi cachée par le lierre, surmontée d'une fenêtre ogivale et d'une statue de saint Vincent.

Autour de la chapelle, il ne reste plus rien de l'antique demeure. Un château aux formes élégantes, un parc harmonieux et des forêts ouvertes remplacent la forteresse massive, les ronces et les broussailles refoulées par la main des hommes, les bois impénétrables hantés des bêtes sauvages. Ils sont loin, très loin les hôtes barbares, les châtelains à l'âme rude et fruste. Au pied de la colline, la plaine se vêt de moissons fécondes et les grasses prairies reluisent au clair soleil. Les villages heureux fleurissent sur l'emplacement des cabanes chétives.

Cependant, à la cîme du mont qu'il

habita, flotte le souvenir du malkio. Et, dans la vallée, coule toujours la rivière qui reflèta dans ses eaux bleues le vol blanc de la colombe.

Bourlemont, mars 1905.

La Porte du Boudiou

La Porte du Boudiou

En ce temps-là, on l'appelait la Porte du Petit-Pont. A l'une des extrémités de la rue du même nom, du côté de la Moselle, s'élevait une pyramide de pierre surmontée d'une statue de déesse. A l'autre extrémité, du côté du faubourg, se dressait la tour de la Porte. C'était une haute tour carrée et couverte en tuiles de diverses couleurs. Son toit à deux étages, comme un toit de pagode, était coiffé d'un campanile. Le rude édifice reposait sur deux arches latérales qui enjambaient le petit canal du Moulin de la ville. Et, de la sorte, la face antérieure de la tour avait ses fondations dans l'étroite bande de terrain serrée entre le canal du Moulin et le canal parallèle qui existe encore.

Le pont-levis s'abaissait à l'intérieur de la tour, sur le petit canal, tandis que le Petit-Pont, de fameuse mémoire, était fixe et franchissait le canal des Grands-Moulins, reliant Rualménil, dit aussi le Grand-Rualménil, au Petit-Rualménil, aujourd'hui faubourg des Bons-Enfants.

Comme les tours des autres Portes de la ville, la tour du Petit-Pont était fortifiée. Elle contenait un corps de garde, une prison bourgeoise, une façon de réduit pour l'artillerie et le logement du portier. Elle était munie d'arquebuses à croc et, des chambres hautes, comme on disait, un guetteur surveillait les abords de l'enceinte. En sonnant du cor d'ivoire ou en mettant en branle la cloche du campanile, il signalait à la garnison du château l'approche des ennemis et des troupes suspectes.

En plus, comme d'un attribut de paix, la tour du Petit-Pont était pourvue d'une horloge à double cadran. Un cadran regardait Rualménil, l'autre le Petit-Rualménil. Les Spinaliens, enclins pour l'ordinaire à la simplicité, se faisaient gloire de parer leur horloge avec quelque élégance. Au XVIIe siècle, Maître Nicolas Bellot fut chargé de ce soin délicat. Les bourgeois ne pouvaient mieux choisir. Bellot était un peintre de mérite, et la vue cavalière d'Epinal que nous avons de lui ne laisse point d'être fort estimable. En vérité, l'on s'étonne qu'un artiste, et de cette qualité, ait entrepris cette humble tâche et ne l'ait point jugée indigne de son talent. Une pareille modestie est singulière. Heureux temps où l'orgueil, cette plante vénéneuse, n'habitait pas le cœur des hommes !

Donc Nicolas Bellot exécuta l'ouvrage commandé avec autant de conscience que d'habileté. Les officiers municipaux louèrent sa dextérité et son adresse. Et pour ses peines et vacations, comme ils dirent, ils lui comptèrent cent quarante beaux francs en monnaie de Lorraine. C'est que Nicolas Bellot avait accompli des merveilles. Il avait peint la « montre » du Grand Rualménil et l'avait enrichie d'azur et d'or, « n'y ayant rien épargné pour résister à l'injure du temps. » Les lettres du cadran extérieur ou du Petit Rualménil avait été dorées pareillement et entourées d'un cercle d'or.

Ainsi l'horloge de Rualménil était resplendissante.

Mais, comme la beauté ne fait pas la vertu, les plus belles horloges ne sont pas les plus exactes. Tout ornée qu'elle était, l'horloge de Rualménil avançait ou retardait, mais ne marquait jamais l'heure véritable. En quoi elle ne se distinguait point des autres horloges publiques. Le peuple d'Epinal, philosophe et malin, s'en était vengé en l'appelant « le Boudiou », d'un mot patois qui signifie menteur.

Et la Porte de Rualménil devint de la sorte, à une époque qui n'est point connue, la Porte du Boudiou. C'est sous ce nom, ou mieux ce sobriquet, qu'elle a vécu dans le souvenir des Spinaliens.

Par leur position, la Porte et la tour de Rualménil formaient l'entrée principale de la ville et la clef de son enceinte. La Porte s'ouvrait sur le Petit Rualménil qui était, à vrai dire, le carrefour des grandes voies de Lorraine, des routes de Nancy, de Mirecourt, de Plombières et de la Franche-Comté. Au sud, du côté de l'amont, on entrait dans la ville par la Porte d'Arches. Au nord et vers l'aval, la ville avait une double issue : par la Porte du Moulin et par la Porte plus forte de la Fontaine, où aboutissait la route de Rambervillers. A l'Est, l'enceinte n'avait point d'ouverture et le château, comme une boucle inviolable, fermait de ce côté la ceinture de murailles qui étreignait la ville. Enfin, à l'Ouest, s'élevaient, baignées par la Moselle, les deux tours massives de la Porte du Grand-Pont. Là était l'entrée véritable de la grande ville, d'Epinal ou du grand Bourg, comme on disait. Mais on n'arrivait au Grand Bourg qu'en passant la Moselle sur le grand pont et d'abord en traversant Rualménil. En façon que la Porte du Petit-Pont était, pour tout dire, la Porte d'Epinal.

Ainsi s'expliquent l'importance singulière de la Porte du Boudiou et sa glorieuse fortune. En vérité, les ennemis d'Epinal dédaignaient pour l'ordinaire le poste avancé de Rualménil. Ils conduisaient leurs troupes et leurs canons sur la rive droite de la Moselle. Et, des collines prochaines, ils attaquaient de préférence la ville même et le Château, centre de la résistance. C'est pourquoi l'histoire de la tour est plutôt pacifique.

Mais le Petit-Pont, le petit pont de bois à l'apparence modeste, aux frêles proportions, fut souvent le témoin, si j'ose dire, de grandes choses et d'événements mémorables. Je songe avec admiration aux princes magnifiques et aux nobles cortèges qu'il a vus défiler.

Il a vu, en l'année 1422, l'armée lorraine et son chef le duc Charles II éconduits par les bourgeois, qui ne firent cas des ordres de leur seigneur Conrad, évêque de Metz, et n'ouvrirent point leurs Portes. Il a vu, en 1444, le roy de France Charles VII faire dans la cité, qu'il unissait à sa couronne, une entrée solennelle. Dès lors, l'écu de France, aux trois fleurs de lys d'or sur champ d'azur, fleurit sur le mur extérieur de la tour. Il a vu les envoyés du Maréchal de Bourgogne, Thiébaut de Neufchâtel, pressant les Spinaliens de leur faire ouverture, ordonnant et priant à demi, et les bourgeois, obstinés et narquois, souriant du haut de la courtine et tenant leurs portes closes. Il a vu, en 1465, le gentil prince Nicolas venant, au milieu des acclamations et de la joie du peuple, recevoir la foi et l'hommage de la ville qui s'était, avec allégresse, donnée à son père le duc Antoine. Et de ce temps, les armes de Lorraine, accostées de la Tour d'argent sur champ écarlate, remplacèrent l'écu royal et éclatèrent en la face de la tour. Il a vu les bons Ducs de Lorraine et les belles Duchesses, Henri II et Catherine de Bourbon, Charles IV et Béatrix de Cusance visitant leur ville fidèle quand ils se rendaient, chaque année, à Plombières. Les gouverneurs et les conseillers dans leurs plus beaux atours, les arquebusiers en armes, les ménestrels, les bourgeois déférents et heureux les attendaient à la Porte et les accueillaient avec cérémonie. Et les Ducs menaient, par les rues parées de guirlandes et de pavois, leur cortège triomphal. Hélas ! le Petit-

Pont a vu Charles IV poursuivi et traqué se jeter dans la ville comme un fugitif, comme un gibier aux abois. Puis, à quelque temps de là, les soldats de Créqui sont venus sur la colline voisine où s'élevait le couvent des Capucins. Ses canons ont bombardé la ville et le Château et brisé leur résistance. Ainsi le Petit-Pont, comme le reste de la ville, est devenu français.

Ce long passé d'histoire donnait à l'antique Porte du Boudiou le droit de vivre. Un jour, l'horloge, qui marquait la fuite des heures, sonna la mort de la Tour. La Némésis des dieux, jalouse de sa fortune, la guettait dans l'ombre. En l'année 1840, elle inspira au Conseil de la ville une résolution fatale. A la vérité, les conseils municipaux ne sont pas toujours formés d'artistes et de poètes. Le Conseil de 1840 était rempli de barbarie. Le 21 du mois d'octobre, il prit cette délibération à jamais détestable :

La tour, chargée d'années et caduque, menaçait ruine. Les hommes pieux, amis des souvenirs et qui d'ailleurs inclinent aux moyens raisonnables, l'eussent consolidée, sans plus, et la tour aurait continué de vivre. Les édiles de 1840 en décidèrent autrement.

« Considérant, dirent-ils que l'incon-
« vénient qui résultera pour les habitants
« de la Petite Ville d'être privés d'hor-
« loge pendant quelque temps ne saurait
« balancer les conséquences désastreu-
« ses qui pourraient résulter de l'écrou-
« lement de la tour... » — Sans doute le peuple de Rualménil eût mieux aimé régler sa vie sur le soleil que s'ensevelir sous les pierres et les décombres. Il faut avouer que ces conseillers concevaient des idées d'une belle simplicité et qu'ils savaient les exprimer avec force.

Sur quoi, le Conseil décida que la vieille tour serait démolie sans retard. Et dans le fait, elle fut détruite au bout de peu de jours. Ce fut un crime contre la tradition. Au temps de Hadès, les âmes des conseillers eussent erré, après leur mort, sur les bords du Styx, le long des berges brumeuses, parmi les asphodèles et les arbres stériles. Et ç'eût été leur châtiment éternel de se lamenter dans la triste nuit.

Et cependant il s'en fallut de cela que l'acte irréparable ne fût point consommé et que la Porte du Boudiou demeurât entourée de nos égards pieux. Dans le courant de l'année 1840, le comte de Montalivet, ancien ministre de Louis-Philippe, passa par Epinal, se rendant à Plombières, où il allait prendre les eaux. Il gîta en l'hôtel de l'ancienne Poste, qui était situé en face de la Porte du Boudiou. Il ne laissa point de remarquer celle-ci, car il avait le goût des choses de l'art et de l'histoire. Il l'a bien montré en créant le musée de Versailles et en enrichissant les collections du Louvre.

Il examina la tour avec le soin et la joie d'un connaisseur qui tâte avec amour le grain d'une belle statue, d'un poète qui respire une fleur du passé. Il résolut au-dedans de soi de prendre, dès son retour à Paris, les mesures d'usage pour assurer la conservation de la porte historique. Quand il repassa par Epinal, la Porte n'était plus. M. de Montalivet en eut beaucoup de dépit. Il s'en plaignit amèrement au Préfet.

C'est l'avantage de la hiérarchie que tout fonctionnaire peut déverser sur un inférieur le flux des reproches qu'il reçoit d'en haut. Ce système de cascade administrative est profitable. Il disperse les responsabilités au point de les anéantir. C'est de plus un précieux onguent pour panser les blessures de la vanité humaine.

C'est pourquoi le Préfet manda le chef de division compétent et lui transmit le blâme du ministre. Il l'accusa avec aigreur de ne lui avoir point soumis la délibération du Conseil municipal. Nul doute qu'il ne l'eût pas approuvée.

Ce chef de division était un ancien soldat de l'Empire. Il avait combattu dans vingt batailles rangées. Il avait entendu siffler les balles et gronder le canon. Il avait vu l'Empereur. La réprimande d'un préfet ne pouvait l'émouvoir.

Il ne se troubla point. Et, gardant la même sérénité que quand il essuyait sans broncher le feu des Kaiserlicks, il répondit simplement, avec une franchise et une rondeur militaires :

— M. le Préfet, la délibération du Conseil vous a été soumise comme les autres. Et vous l'avez signée... comme les autres.

Le Préfet ne répliqua point à ces paroles pleines de vérité et de philosophie. Hélas ! la vieille tour était détruite et détruite pour toujours. Car la mort des choses, comme la mort des êtres, est éternelle.

Massacre des Bourguignons

au Faubourg d'Ambrail, à Epinal

en 1476

Massacre des Bourguignons

au Faubourg d'Ambrail, à Epinal, en 1476

(*Chronique*)

Or, en l'année 1476, un capitaine de Bourgogne, à la tête de quatre cents Picards et Flamands, gardait Epinal. Un jour du mois d'août, Messire de Bièvre, qui commandait à Nancy pour Charles-le-Hardi, lui envoya, par un messager nommé Hugo, l'ordre de recevoir et de loger dans la ville la garnison de Mirecourt.

Lorsque les Bourguignons sortirent de Mirecourt, la nuit tombait, les étoiles s'allumaient dans le ciel pâli et la lune montrait sa corne d'argent à la cime des collines bleuissantes. Dans la campagne où les grillons chantaient ils cheminèrent lentement, car la nuit était chaude et les harnais étaient pesants.

A la pointe du jour, quand les bois, les plaines et les coteaux blanchirent aux premières lueurs de l'aube, ils arrivèrent devant Epinal, comptant bien y entrer. Ils trouvèrent les portes closes. Dès qu'il les aperçut, le guetteur du beffroi sonna du cor en manière de signal. Le cor répandit longuement son appel dans la ville assoupie et silencieuse, réveillant soldats et bourgeois. Aussitôt ceux-ci sortirent de leurs maisons, courant et se démenant par les rues, comme on voit les fourmis, troublées dans leurs retraites, s'agiter remuantes et inquiètes. Et ils s'armèrent de leurs bâtons, selon leur coutume, parce qu'ils crurent que la garnison bourguignonne s'était mutinée.

Bientôt, connaissant ce que c'était, les

bourgeois commencèrent de sonner la cloche dite la Meuse et le Conseil se réunit en la Maison de Ville. Les conseillers appelèrent le capitaine de la garnison et lui dirent :

— Un messager de vos gens se tient sur le Petit Pont et veut entrer dans la ville. Il faut aller vers lui et savoir ce qu'il demande.

Quand les gouverneurs arrivèrent à la Porte de Rualménil, le messager les salua et leur remit la lettre qu'il tenait de Messire de Bièvre. Les Quatre portèrent le billet au Conseil et, l'ayant lu, ils dirent au capitaine bourguignon :

— Messire, ne vites-vous point combien notre ville pâtit et quelle est sa détresse ? Voici plus de trois semaines qu'il n'y eut de marché et le menu peuple crie de faim. Nous sommes décidés à ne faire ouverture à ceux de Mirecourt. Il y a assez de vous autres.

Le capitaine insista assez timidement

pour qu'on reçût les Bourguignons, durant que ceux-ci attendaient en grande patience qu'on les fit entrer dans Rualménil.

Ensuite, les Gouverneurs s'en furent trouver le capitaine du Château et lui remontrèrent derechef la nécessité et la pauvreté des bourgeois. Et le capitaine leur promit que les soldats de Mirecourt ne seraient point mis dans le Château. Sur quoi les Gouverneurs revinrent à la Porte Rualménil et dirent fermement à ceux de Bourgogne :

— Allez où bon vous semblera. Vous ne serez pas logés ici.

Lors les Picards, les Anglais et les Bourguignons, au nombre de plus de quatre cents, qui composaient la garnison de Mirecourt, ouïrent avec surprise le refus des Gouverneurs. Ils en furent bien ébahis et un peu courroucés. Cependant ils résolurent de s'établir dans les faubourgs. Les Anglais, qui étaient plus de cent, demeurèrent dans le faubourg du Petit Rualménil. Les Picards et les Bourguignons passèrent la rivière en amont du Grand Pont et de la Vanne de haute rive, et, longeant les murailles, gagnèrent le faubourg de la Porte d'Ambrail où ils firent leur logis.

Les Gouverneurs leur dirent alors :

— Messires, prenez votre repos et votre nourriture. Nous vous donnerons de bon gré des vivres en suffisance, Mais, par le sacrement Dieu, ne couchez pas ici ! vous n'y seriez point en sûreté.

Ceux de Bourgogne méprisèrent leurs avis, qu'ils jugèrent hardis et moqueurs. Et ils ne voulurent déloger, comptant que les Spinaliens, mieux conseillés, ouvriraient leurs portes à la fin.

Néanmoins, aux approches de la nuit, Picards et Bourguignons se mirent en sauvegarde et, à bon escient, fortifièrent le faubourg.

Aux deux extrémités, ils traînèrent

des chars, des herses et des charrues qu'ils prirent aux laboureurs ; ils entassèrent des fasces maintenues solidement par des pieux ; ils creusèrent des fossés et fermèrent de la sorte les issues. Puis, ayant placé des gardes aux barricades, ils se dispersèrent dans les maisons et, confiants, s'abandonnèrent au sommeil.

Cependant un homme d'Epinal fut, dans la journée, auprès du capitaine lorrain Harnexaire, qui commandait à Bruyères, pour lui apprendre ce qui se passait. Harnexaire, qui ne dormait pas, rassembla sur-le-champ 1400 bons et gentils compagnons, bien armés, de Saint-Dié, d'Arches et de Remiremont ; et il se mit en route. Les Lorrains s'avancèrent rapidement, parmi les forêts de pins, de hêtres et de chênes, sur les bords sinueux de la Vologne et de la Moselle. A minuit ils arrivèrent devant Epinal et leur chef commanda aussitôt d'attaquer le faubourg.

A coups de coulevrines, il rompit les barrières et les Lorrains saillirent par les brèches.

Mais voici que les décharges de l'artillerie mirent le feu aux fagots qui s'embrasèrent. Soudainement fasces et instruments de labour brûlèrent comme bures et brandons. Et l'on eût dit deux haies ardentes qui barraient le faubourg aux deux bouts. A cause de la sécheresse, l'incendie gagna les maisons prochaines. Les flammes léchaient les murs, rampaient sur les toits de chaumes et, se propageant, semblaient de longs serpents de feu. Les toitures flambaient, les poutres s'effondraient avec fracas, des volées d'étincelles jaillissaient comme des gerbes d'étoiles et s'éteignaient dans le ciel noir. Dans l'air tranquille où ne passait aucun souffle, les flammes s'élançaient droites et agiles et mouraient subtilement. Sur un flanc du ravin où le faubourg s'étale, les hautes murailles et les tours massives de l'enceinte et du château ruisselaient d'une lueur sanglante. De l'autre côté, au sommet de la colline de Laufromont, la métairie paisible, éclairée par instants, apparaissait dans un bouquet d'arbres. Et le ciel rougeoyait, tandis que des bandes d'oiseaux invisibles planaient au-dessus du brasier et poussaient des cris aigus.

Cependant les Lorrains se ruèrent le long du faubourg et besognèrent bellement dans la nuit tragique, au reflet de l'incendie. Les Spinaliens, dédaigneux de protéger leurs demeures et de sauver leur mobilier chétif, se joignaient à eux et guidaient leur poursuite. Ils pourchassaient les Bourguignons, les relançaient dans les maisons en feu, frappant aveuglément et sans répit. Les hallebardes, les piques, les langues de bœuf fouillaient rageusement les corps, hachaient les chairs, déchiraient les poitrines, meurtrissaient les visages. Les Bourguignons affolés hurlaient de peur ; les blessés gémissaient de façon lamentable ; les cadavres s'entassaient et le sang coulait en ruisseaux.

Il se fit un terrible carnage.

Dans la ville, tous les habitants avaient pris les armes. Les uns gardaient les portes ; d'autres, montés sur les remparts, garnissaient la courtine ; d'autres enfin se tenaient en la place du Poiron, attendant les événements. De les voir ainsi équipés, résolus et menaçants, comme un dogue irrité se ramasse et gronde prêt à bondir et à mordre, les Bourguignons de la garnison et du Château furent intimidés et ne sonnèrent mot. Ils ouïrent les cris de leurs gens, leurs appels désespérés, les plaintes des mourants, ils connurent leur détresse, ils virent l'immense lueur du feu, mais ils se tinrent cois, inquiets de leur propre sûreté.

Quand le jour se leva sur les ruines

fumantes et le sang répandu, quelques Picards et Bourguignons erraient parmi les amas de cadavres. Réfugiés et tapis dans les fossés, comme renards dans leurs terriers, ils avaient attendu l'aube pour sortir de leurs cachettes. On les voyait courir en pourpoint, en chausses ou en chemise, dépouillés de leurs armes, égarés et craintifs. Et ils se lamentaient de la sorte :

— Mal fut la venue. Si nous avions écouté le conseil qu'on nous donnait, nous ne serions pas tombés dans ce désarroi.

Après le combat, Harnexaire et ses gens s'en étaient allés, emmenant tout le butin, les bagages, les harnais d'armes sur des chariots, deux cents chevaux et plusieurs prisonniers. Les Harnexaires, comme on disait, ne savaient point que les Anglais étaient logés dans le faubourg du Petit Rualménil. S'ils en eussent été avertis, ils n'auraient laissé de passer la rivière et de les mettre à mal.

Par bon conseil, les Anglais jugèrent prudent de déloger le jour même. Ils furent à Châtel, puis à Nancy auprès de Messire de Bièvre.

Celui-ci se montra fort mécontent de ceux d'Epinal pour ce qu'ils n'avaient ouvert leurs portes. Cependant il fit entrer les Anglais dans Nancy et les laissa dans la ville pour la garder, car il avait plus de confiance en eux qu'en ses autres gens.

Comment la bonne ville d'Épinal

fut prise par Charles le Hardi et reprise par le duc René.

Comment la bonne ville d'Épinal

fut prise par Charles le Hardi et reprise par le duc René.

(*Récit en manière de Chronique*)

Or, en l'année 1475, le duc de Bourgogne, Charles le Hardi, qui était un capitaine insigne, habile dans les combats, avait défait en maintes rencontres les troupes de Lorraine et leurs alliés de France. Son armée nombreuse submergeait le pays lorrain, enlevant les forteresses, comme un torrent emporte un fétu. Mirecourt, Charmes, Châtel étant tombés en son pouvoir, Charles se présenta devant Epinal.

Les Bourguignons étaient remplis d'orgueil à cause de leurs victoires. Leur chef les conduisit en belle ordonnance à peu de distance de la ville, comptant que les Spinaliens ne se défendraient point par crainte des représailles. Pendant plusieurs jours et plusieurs nuits, l'armée s'écoula le long des grandes routes, sur les deux rives de la Moselle. De la ville, on la voyait se rassembler en aval, dans la plaine, à quelques portées de bombarde, en la manière qu'un tigre se ramasse prêt à bondir.

Ceux d'Epinal n'en furent point émus. Le duc René avait réuni son Conseil dans sa ville de Pont qui était son quartier général. Et le Conseil avait opiné que, pour combattre un ennemi si redoutable, il fallait évacuer les petites places et renforcer les garnisons des grandes villes. Pour quoi il y avait dans Epinal plus de sept cents Allemands, sans compter les Gascons. Le bâtard de Vaudémont les commandait.

Les murailles étaient hautes et épaisses, les fossés larges et profonds et les portes bien closes. Les Lorrains, mus d'une belle ardeur et d'un mâle courage, et les bourgeois fidèles à leur duc attendirent le choc fermement.

Même ils ne craignirent point de prendre l'offensive.

D'abord ils mirent le feu aux maisons du faubourg qui bornaient la vue et abritaient les assaillants. Par une nuit sans lune, plus noire que la nuit des tombeaux, quelques Lorrains pleins de hardiesse sortirent de la ville par la Porte de la Fontaine et se répandirent au dehors. Serrés dans leur justaucorps, un court poignard à la ceinture, un flambeau au poing, ils allaient rapides et silencieux le long du faubourg. Et ils semblaient de grosses mouches de feu voltigeant dans les ténèbres. Les Bourguignons incertains s'étonnaient de ce spectacle singulier. Les sentinelles se signaient avec effroi et les officiers, qui étaient mécréants, contaient par plaisanterie que les esprits malins annonçaient de la sorte à ceux d'Epinal leur ruine prochaine.

Tout-à-coup la nuit s'illumina d'une clarté éblouissante. Les maisons de bois du faubourg flambèrent comme une brassée de fagots soudainement allumée. Les flammes ardaient longues et mobiles. Les étincelles montaient dans le ciel par gerbes, pareilles à des poussières d'étoiles. Puis le feu s'éteignait subitement, comme étouffé par la nuit. Et il y avait derechef des volées d'étincelles et des flamboiements et des fumées rougeâtres. Ainsi advient-il aux feux de joie que les bourgeois allument par les rues le dimanche des brandons, qui est le premier dimanche du Carême.

Les Bourguignons, simples dans leur âme, s'émerveillaient de l'incendie et poussaient de grands cris. Et les bourgeois se réjouissaient de voir brûler leurs demeures, en ayant fait bravement le sacrifice. Quand le jour parut, le faubourg paisible de la Fontaine n'était plus qu'un amas de cendres fumantes. Mais les Spinaliens n'en avaient point de regret. Ils se flattaient que, les abords de la ville étant dégagés, les Bourguignons ne pourraient plus se glisser par surprise derrière les maisons, jusqu'aux murailles.

Bien plus, les Lorrains offrirent le combat en rase campagne à ceux de Bourgogne. Une troupe de soldats résolus et bien armés sortit de la ville avec un air de parade et marcha sus aux ennemis. Il se fit une belle escarmouche. Les Lorrains besognèrent avec vigueur et ruèrent de grands coups. Et plus de vingt morts tombèrent des deux parts. Mais les masses bourguignonnes s'ébranlèrent d'un seul effort et leur poussée immense ramena les Lorrains, comme la marée refoule, à leur embouchure, les eaux tranquilles des fleuves.

Le siège continua. Les Lorrains se défendirent vaillamment. Au bout de neuf jours ils n'avaient point faibli. Toutefois, les bourgeois comprirent qu'ils ne devaient plus compter sur les secours de France qu'ils avaient espérés premièrement. Ils connaissaient aussi que Charles était brutal et qu'il savait punir les justes résistances de cruelles représailles. C'est pourquoi ils entamèrent les pourparlers avec les assiégeants. Ils proposèrent qu'ils ouvriraient leurs portes moyennant que leurs conditions seraient acceptées. Ils demandèrent que la ville fût sauve, que ses habitants fussent respectés dans leurs personnes et maintenus dans leurs usages, qu'enfin ses garnisaires sortissent librement, emportant avec soi leurs armes et leurs bagages.

Le duc de Bourgogne était hardi mais non point imprudent. Faisant état que les Lorrains étaient fiers et que leur forteresse n'était point entamée, il inclina aux arrangements pacifiques. Il considéra que la ville d'Epinal, avec ses murs intacts et son château puissant, était bonne à prendre; qu'il était sage de ne pas molester les Spinaliens, afin de gagner leur amitié; qu'enfin ceux-ci, étant obstinés et vaillants, l'arrêteraient longtemps et pourraient malmener son armée qu'il ménageait grandement pour les guerres futures. Donc il entendit leurs propos et accepta leurs conditions.

Et la garnison lorraine défila avec honneur, tambours battant, trompettes sonnant, les étendards claquant au vent, les armes luisant au soleil et des chariots traînant les bagages. En manière que l'on eût dit une marche de triomphe bien plus qu'une retraite.

Alors le duc de Bourgogne entra dans la ville par la Porte du Moulin. Et oncques les Spinaliens ne virent un spectacle si merveilleux. Le duc portait en tête l'armet bellement empanaché. Il était revêtu d'une tunique de drap d'or et, par dessus la tunique, d'un harnais magnifique. Sa cuirasse d'argent, cannelée d'or et constellée de perles, de rubis et de diamants, étincelait au soleil. Il n'était point jusqu'aux plates, qui couvraient ses jambes, jusqu'aux solerets à la poulaine, qui chaussaient ses pieds, qui ne fussent d'argent, rehaussés de pierreries et niellés d'or. Le duc, ceint de son épée et le poing à la hanche, chevauchait un fier destrier. Son regard était dur et sa mine hautaine, mais il avait grand air et noble prestance.

Le duc était suivi de ses officiers, de ses gentilshommes et de ses chevaliers, qui étaient la fleur de sa noblesse. Tous portaient des armures enrichies d'ornements d'orfèvrerie, des étoffes de soie et des armes brillantes. Et leurs lances avaient des banderoles aux couleurs éclatantes qui flottaient.

Puis venaient, comme escorte, un

escadron de cranequiniers en cottes de mailles et un escadron de lanciers, précédés de leurs guidons, à la mode de Bourgogne.

Une troupe d'hommes de pied, en casaque de laine, la croix de Saint-André au plastron, munis de piques, de traits de feu et d'arbalètes, fermaient la marche.

Cette entrée imposante plut à plusieurs gens. En vérité les bourgeois, dont les mœurs étaient simples, n'étaient point insensibles à toutes ces splendeurs. Mais ils ne le laissaient point paraître, par dignité et parce qu'ils étaient tristes dans leur cœur.

Le cortège se déroula triomphal, avec un grand bruit de fanfares et un terrible fracas d'artillerie, dans la Grande-Rue, bordée d'arcades, par la Place du Poiron, devant la statue de saint Maurice équestre, par la Place du Poids Public et gagna le Château par la Porte de la Vouerie. Le duc s'établit de sa personne dans la grande chambre du château où se voyaient deux hautes cheminées. Et ses gens logèrent dans la ville.

Charles était bien joyeux de sa conquête qu'il jugeait profitable.

Le jour qui suivit son entrée dans Epinal, il envoya des hérauts par la ville qui convoquèrent les bourgeois en la Place du Poiron pour le milieu du jour. A l'heure de midi, le duc se montra à une fenêtre de la tour au toit aigu qui s'élevait, fine et élancée, à l'angle de la rue Devant-la-Paroisse et de la place. Il était paré d'une belle robe de brocart où s'étalait le collier de la Toison d'Or. Les bourgeois remplissaient la place, pressés comme harengs en caque. Charles fit signe de la main qu'il voulait parler et qu'on l'écoutât en silence. Et le bon peuple demeura coi par politesse et révérence.

Lors, le duc prononça ces paroles avec une voix d'acier :

— Messires, vous voyez la grâce que je vous ai faite. Jurez-moi de m'être toujours loyaux et fidèles et, avec l'aide de Dieu, je vous garderai contre tous.

Après qu'ils ouïrent ces propos, ceux d'Epinal promirent de lui être bons et loyaux, mais au fond du cœur ils restaient bons Lorrains et n'étaient Bourguignons que par force.

Puis, connaissant que la ville était bien fortifiée et que, située entre la France et l'Allemagne, elle était convoitée par les deux pays, Charles y établit une grande garnison afin de la garder. Il dit qu'elle serait commandée par un capitaine qui avait sa confiance et qui fut le comte Rheingrave. Et, peu de jours après, il s'éloigna avec son armée et tira vers Mirecourt.

Or, au mois d'août de l'année 1476, les Spinaliens, s'avisant que les Bourguignons étaient harcelés sur tous les points par les Lorrains et que leur duc même avait été battu par les Suisses à Granson et à Morat, résolurent de secouer leur joug et de chasser la garnison. D'autant qu'ils se savaient environnés de partis qui étaient au duc René et que l'état de leurs affaires devenait assez précaire. Les marchés n'étaient plus fréquentés par les marchands, les routes étant peu sûres, et il en advenait une grande cherté des vivres. Pour lors, les bourgeois envoyèrent un messager à leur bon duc pour l'informer au vrai de leur dessein.

Ils choisirent pour cet office maître Géninet, drapier, qui connaissait les pays d'Allemagne, pour y avoir maintes fois porté ses marchandises. Et ils prirent soin que les chefs de la garnison ne connussent point sa démarche.

C'est pourquoi, un beau matin, le messager sortit de la ville en modeste équipage et s'achemina au pas tranquille de sa monture, feignant qu'il voyageât pour son négoce. Et il gagna sans trop d'aventures la ville de Strasbourg où le duc se tenait.

Là, il vit beaucoup de choses qui lui étaient nouvelles et le remplirent d'admiration. Il s'émerveilla de la Cathédrale. Et il douta s'il devait s'étonner davantage de la flèche hardie qui s'élance vers le ciel, ou bien de la façade magnifique de maître Erwin et du peuple de pierre qui pullule parmi les chapiteaux et les colonnes, drus comme arbres en forêt; ou bien de la rosace qui s'épanouit comme une fleur géante et gracieuse; ou bien encore de la masse imposante de l'édifice. Il vit le large fleuve, puissant et mystérieux, qui roulait ses flots gris semés d'aigrettes d'argent. Et il songea doucement à la claire Moselle qui caresse de ses eaux paisibles les murailles de sa bonne ville. Il rencontra dans les tavernes de nombreux bourgeois à la mine réjouie, au teint fleuri, qui vidaient force pots de bière. Ils échangeaient des propos bruyants dont à la vérité il n'entendait point le sens mais dont il reconnut les sons, pour les avoir ouïs des garnisaires allemands, en la ville d'Epinal. Lui-même il se délecta à boire du vin du cru, qui lui parut exquis, frais et léger à souhait.

Cependant il n'oubliait point son message et il s'en fut le porter au duc de Lorraine.

Le duc le reçut avec bonté, selon son caractère. Géninet le salua poliment et lui dit :

— Monseigneur, ceux d'Epinal et tous les habitants se recommandent humblement à votre bonne grâce et vous mandent par moi de venir vers ladite ville la semaine prochaine, avec vos gens. On vous fera entrer dans la ville, soyez-en certain.

Le duc lui répondit :

— Mon ami, est-ce chose assurée ?

Géninet affirma :

— Monseigneur, je veux mourir si, en cas que vous veniez, vous trouvez que je n'ai pas dit la vérité. Je suis venu ici secrètement. Tous ceux de la garnison croient que nous sommes bons bourguignons.

— Tenez, reprit le duc, voici quatre florins pour vous aider à retourner vers mes amis d'Epinal. Recommandez-moi mille fois à leur souvenir et dites-leur que je me trouverai dans la ville le jeudi huit septembre.

Et le messager, le remerciant, dit :

— Monseigneur, n'ayez souci, vous trouverez la vérité de cette entreprise.

Géninet pria Dieu pour que le bon duc obtînt gloire et bonheur, puis il s'en revint vers Epinal simplement, sans faire semblant, comme il était venu. Il s'empressa de visiter les quatre gouverneurs. Il leur rapporta que René leur avait beaucoup de grâce et qu'il arriverait dans la ville dès le huit septembre, qui était un jeudi.

Les gouverneurs ne se tinrent pas de joie, faisant leur compte qu'ils seraient tôt délivrés des Bourguignons qu'ils n'aimaient point. En attendant, ils furent par les rues, chez les bourgeois discrets, leur coulant à l'oreille, en grand mystère, l'heureuse nouvelle. Et dans les maisons closes il y eut de belles marques d'allégresse.

Le duc de Lorraine besogna ses préparatifs et demanda au Conseil de Strasbourg de lui donner des gens pour cette expédition. Le Conseil l'entendit de bon gré. Quand il se mit en route, plusieurs chevaliers, environ cinq cents gentilshommes, deux mille piétons, tant coulevriniers, piquiers que hallebardiers, l'accompagnèrent parés pour les combats.

En plus, le duc commanda à messire le bâtard de Vaudémont qu'il le joignît près Epinal et qu'il lui menât cent à cent vingt hommes de son armée, des mieux en point, pour faire avec lui son entrée dans la ville. Ledit seigneur partit en toute diligence, ayant pris de ses gens les mieux montés et s'en vint auprès d'Epinal.

Vers la Maladrerie, des aventuriers de sa bande, qui éclairaient sa marche et battaient l'estrade, rencontrèrent de fortune un cavalier qui arrivait de Bourgogne. Ils le joignirent dans le moment qu'il allait pénétrer dans la ville. Et ils le saisirent près de la croix qui s'élève au carrefour des voies de Lorraine, à quelque vingt toises de la porte du Petit-Rualménil, sans que les gardes de celle-ci parussent s'en inquiéter. Ils l'emmenèrent aussitôt et le fouillèrent soigneusement. Ils découvrirent, cousue dans sa casaque, une lettre du duc de Bourgogne, par quoi il mandait à la garnison d'Epinal qu'il viendrait bientôt dans cette place et qu'elle dût jusque là se tenir en éveil. Connaissant que ce billet était contraire au duc René, les

Lorrains traînèrent le messager dans la rivière qui était proche, et le plongèrent dans l'eau jusqu'à ce qu'il rendît l'esprit. Et ils disaient plaisamment que le Bourguignon porterait son message aux poissons. Puis ils rejoignirent le sieur bâtard et lui remirent la lettre.

Cependant le duc René arrivait par le chemin de Rambervillers et son armée semblait, à l'horizon, une grande ligne sombre qui s'allongeait et se mouvait lentement parmi les peupliers effilés qui jalonnaient la route. Le bâtard et ses gens passèrent la Moselle à l'endroit qui est dit le Saulcy, proche le moulin de Jehan de Gugney. Puis le bâtard rangea ses cavaliers dans la plaine et, caracolant et galopant par les terres labourées, il fut au devant du duc. Il le salua et lui présenta la lettre de Charles de Bourgogne enlevée au messager. René et les plus grands se dirent très aises, comme de fait ils le parurent, que le messager eût été pris. Sur quoi, le duc loua le sieur bâtard de son habileté, lui rendit grâce de son exactitude et admira sa troupe qui était en fier équipage. Et tous reprirent la marche en avant.

Quand ils furent parvenus à un quart de lieue de la ville, sur le plateau, avant que la croupe s'abaisse et que la route plonge et dévale rapide vers le faubourg de la Fontaine, les Lorrains se formèrent en bataille: d'abord trois cents coulevriniers s'avançaient, puis trois cent cinquante piquiers et autant de hallebardiers, et tous, trois à trois, en belle ordonnance. Il y avait en plus deux cents hommes d'armes, tous comtes, barons, chevaliers et gentilshommes. Le prince était suivi de grandes trompettes, de clairons et de tambours, à la mode des Allemands, et des hommes d'armes tenant la lance. A l'arrière-garde, il y avait deux cents coulevrines, deux cent cinquante hallebardes et autant de piques.

Quand le Bourguignon, qui guettait du donjon, aperçut les Lorrains par delà les deux tours Saint-Michel qui barrent le faubourg, il donna l'alarme en sonnant la cloche du beffroi et en agitant la bannière. Et tous ceux d'Epinal, qui savaient ce que c'était, commencèrent de prendre leurs bâtons.

Les Bourguignons de la garnison virent bien que les habitants ne les aideraient point, mais qu'ils feraient entrer dans la ville l'armée pour laquelle on sonnait. Alors le courage leur faillit et ils dirent, assez couards et tremblants comme faons effarouchés.

— Hélas ! Messires, pour Dieu, ayez pitié de nous. Faites que nous ne mourions pas et que nous nous en allions tous avec seulement un bâton à la main.

Les gouverneurs répondirent :

— C'est à notre droit et légitime Seigneur à en décider. N'ayez pas de doute envers lui. Nous ferons votre appointement. Nous lui demanderons que vous vous en alliez saufs de corps et de biens, excepté deux d'entre vous, des plus importants, qui demeureront ici jusqu'à ce que vos dettes et dépenses soient payées et que chacun soit content. Vous aurez de notre Duc un sauf-conduit pour aller en Bourgogne et partout où il vous plaira.

Quand les Bourguignons ouïrent ces paroles, ils dirent :

— Messires, nous vous prions, pour Dieu, que cela nous soit accordé. Nous dirons partout que vous nous avez fait bonne compagnie et raison.

Cependant le duc René avait passé la porte et les tours Saint-Michel, et son armée commençait de s'écouler le long du faubourg, sous le château. Dans ce moment les Bourguignons, qui occupaient la forteresse, se prirent à tirer avec leur artillerie. Et des panaches de fumée blanche, montant soudain des remparts, s'envolèrent dans le ciel bleu en petits nuages floconneux. Mais les Lorrains surent bien se mettre à couvert et se défilèrent derrière les maisons du faubourg. Les lourds boulets grondèrent au-dessus de leurs têtes et vinrent tomber dans la rivière, faisant jaillir l'eau, de leur chute.

Ainsi ceux de Lorraine atteignirent sans dommage la porte de la Fontaine où se voient les douces images du benoît Saint-Goëry et de ses deux filles, Précie et Victorine. Les gouverneurs y étaient, pleins de zèle et d'impatience. Dès que le duc René se présenta devant la porte, les gouverneurs lui firent ouverture et lui remirent les clefs. Et le duc pénétra sur le champ dans la ville.

Son entrée fut belle et vertueuse. Devant lui marchaient trois ou quatre mille bons combattants, tous bien en point et tous jeunes gens, armés de coulevrines, de piques et de hallebardes. Le duc venait ensuite à la tête de ses comtes et de ses barons marchant trois par trois, précédé lui-même par les trompettes qui sonnaient des fanfares éclatantes. Mille fantassins suivaient.

Il faisait beau les voir. Le peuple se pressait par les rues étroites, emplissait les places, garnissait les portes, les fenêtres et les toits des maisons. Les hommes, la face épanouie et illuminée de bonheur, acclamaient le Prince, criant :

— Noël ! Noël ! » et « Bienvenue au Duc ! »

René souriait avec bonté et répondait par des saluts pleins de gentillesse.

Les femmes, pleurant de joie, touchaient par superstition les vêtements du bon duc.

Les enfants de la ville, effrontés et bruyants, se glissaient dans la foule, emmi les gens et les chevaux, comme oiseaux au travers des buissons. Et ils suivaient le cortège, alertes et ailés comme un vol de moineaux.

Le duc, qui n'avait colère ni rancune, rassura les Bourguignons inquiets, proclamant qu'il leur ferait merci.

Puis, quand il lut logé dans la ville avec sa chevalerie et ses fantassins, il envoya un héraut vers le capitaine du château, le sommant de se rendre s'il ne voulait être assiégé et bouté par force hors de la forteresse.

Le héraut, le plastron fleuri de l'écu de Lorraine, se présenta devant la porte du château et se tint sur le bord extérieur du fossé. Le pont-levis ayant été baissé, le capitaine reçut le héraut avec honneur. Et comprenant que toute résistance était vaine, il dépêcha un officier auprès du prince pour lui demander la grâce de toute la garnison. Il proposa de rendre le château moyennant que lui et ses gens auraient corps et bagues saufs. René lui octroya ce qu'il demandait, et en moins de deux heures tous évacuèrent le château. Et le bon duc traita les Bourguignons avec bienveillance, selon qu'il l'avait promis.

Après quoi, les gouverneurs et gens du Conseil vinrent au nom des bourgeois saluer le duc de Lorraine. Et du fond de leur cœur, ils firent le serment de lui être bons et loyaux dans l'avenir et de mourir tous pour son bon droit.

René en fut ému sincèrement. Il les remercia mille fois de leur fidélité, comme du bien qu'ils lui voulaient et qu'ils lui avaient fait. Et il leur dit :

— Si Dieu m'aide contre mon adversaire et que je puisse le vaincre, je me souviendrai toujours de vous comme de mes amis.

De ce jour la ville d'Epinal fut heureuse, comptant que sa détresse allait prendre fin. Auparavant les habitants subissaient une grande cherté. Le resal de blé valait deux francs et à peine en trouvait-on à ce prix. La quarte de vin coûtait deux gros. Les œufs et le fromage n'étaient pas à bon marché. C'est pourquoi tout le peuple louait Dieu de la venue du duc René et le priait de lui donner la victoire contre son ennemi de Bourgogne, afin qu'il pût maintenir ses bourgeois dans la paix.

Le Prince mit une grosse garnison dans la ville pour la bien garder. Trois chevaliers y furent établis, savoir : Messire Adam Sorne, messire Gaspard Baumann et messire Cagneret, qui eurent avec eux plus de quatre cents Allemands.

René chargea son féal serviteur Menaut Daguerre de défendre le château avec trente Gascons, tous gens de guerre et de bonne façon.

Puis, le duc les réunit tous, Menaut, la chevalerie et les gouverneurs. Il leur recommanda très affectueusement de bien veiller sur la ville et le château, leur disant :

— Demain, dès le grand matin, avec l'aide de Dieu, je veux m'en retourner en Allemagne, vers mes amis. Je suis certain qu'avec leur aide nous aurons bientôt Nancy.

Tous promirent de garder Epinal. Et depuis, cette ville est demeurée au bon duc René et ses héritiers en jouirent pendant de longues et heureuses années.

Le Diable dans les Vosges

A mon ami le Docteur Paul Legras.

Le Diable dans les Vosges

Qui le croirait? La bonne et douce Lorraine était visitée par le diable. Nous en avons les témoignages les plus véritables. A la réflexion, cela n'est pas étonnant. Chacun sait que, depuis sa chute, le diable, qui est plein de malice, pratique l'habitude déplaisante de se mêler de nos affaires et qu'il tourmente de préférence les saints et les meilleurs des hommes.

Autrefois ses artifices, qui sont innombrables, étaient plus simples, ses audaces plus grandes parce que les hommes étaient plus candides. Il procédait surtout par apparitions. Il avait coutume de fréquenter parmi les mortels, les abordait sans vergogne et cauteleusement liait partie avec les victimes qu'il avait élues. Il faut bien dire qu'à notre époque il montre plus de réserve et de discrétion. C'est fâcheux, car cés rencontres devaient être piquantes.

Si l'on en croit Dom Calmet, homme docte, exact et prudent, le démon prenait d'ordinaire la forme humaine pour visiter la terre. Il apparaissait sous les traits d'un homme, vêtu de noir, d'une taille singulière, d'un abord disgracieux. Il faisait beaucoup de belles promesses, d'une voix qu'il s'efforçait de rendre harmonieuse. Mais ces promesses étaient trompeuses et, dans le fait, n'étaient jamais tenues. Pour tenter les âmes les plus rebelles, quand il devait déployer toutes les ruses du discours et les séductions de la chair, il empruntait la figure d'une femme belle et voluptueuse. Toutefois le malin esprit ne dédaignait point, s'il y trouvait de l'avantage, de revêtir l'aspect d'un animal. Il se faisait lion, chien, chat, taureau, cheval ou corbeau, selon sa fantaisie et selon qu'il était opportun. Saint Augustin remarque que le diable habitait souvent le corps des serpents. Ainsi ce reptile était puni du méchant tour que, par son imposture, il joua à la première femme. C'est ce que saint Augustin explique avec beaucoup de sens.

Ces opinions de dom Calmet sont raisonnables, comme il appert par les récits des hagiographes. Ils nous enseignent que l'abbé Machaire rencontra maintes fois le démon dans le désert. Un jour, Satan avait pris la figure d'un homme. Il avait un habit de lin, d'apparence vile et misérable, usé et déchiré, criblé de trous comme une écumoire. Et de chaque trou pendait une bouteille. Le saint homme s'en étonna. Il aborda Satan, comme on fait une vieille connaissance, et lui demanda :

— Où vas-tu ? Pourquoi toutes ces bouteilles ?

En vérité, Satan eût pu le reprendre de sa curiosité, qui était une faiblesse. Il ne daigna le faire et répondit avec complaisance :

— Je vais faire boire les frères et c'est à eux que je porte toutes ces bouteilles. Si l'une n'agrée point, j'en offre une autre, puis une troisième et ainsi de suite, jusqu'à ce que le frère cède à la tentation.

Quand il revit le diable, Machaire l'interrogea :

— Qu'as-tu fait ?

Le diable, la mine déconfite, ne cèla point sa défaite. Il dit :

— Les frères sont tous des saints. Aucun n'a succombé, si ce n'est un seul qui se nomme Théotite.

Le saint homme n'en voulut ouïr davantage. Il s'en fut d'un pas agile vers le frère Théotite et le convertit par son exhortation.

De même saint Antoine, d'illustre renommée, subit avec sérénité les nombreux maléfices du démon ; pour quoi il abondait en gloire et en mérites. Un jour qu'ayant vendu tous ses biens, il méditait dans un tombeau, selon sa pieuse coutume, une multitude de démons l'assaillirent soudain et le battirent avec une telle violence qu'on le crut mort. Tandis qu'il gisait à terre, meurtri et rompu, anéanti dans sa chair, la force de son esprit et sa volonté indomptable continuaient d'appeler les démons au combat. Alors ceux-ci, ayant pris la forme de plusieurs bêtes féroces, se ruèrent de nouveau sur lui et le déchirèrent cruellement de leurs dents, de leurs cornes et de leurs griffes, jusqu'à ce qu'une clarté élyséenne illuminât l'espace et les mît en déroute.

Une autre fois, Antoine vit un géant d'une laideur épouvantable et d'une si haute stature que, pareil au géant des

Mille et une Nuits, de sa tête il touchait les nues. Etendant les bras, il saisissait et retenait sur la terre des hommes qui avaient des ailes et s'efforçaient de voler vers le ciel. Mais quelques-uns lui échappaient comme en se jouant, et s'élevaient sans peine jusqu'aux demeures célestes. Et le saint entendait des cantiques de joie, mêlés de plaintes et de cris de colère. Il connut aisément qu'il voyait l'ascension des âmes, qu'il ouïssait la musique suave des âmes victorieuses et saintes, les lamentations des âmes prisonnières et les rugissements de Satan qui ne pouvait les saisir toutes.

Le moine égyptien Schnoudi, qui avait moins de douceur, engagea hardiment la lutte avec le démon. Il fut assez heureux pour lui passer une corde autour du cou et se mit en devoir de l'étrangler. Puis, se ravisant tout-à-coup, il desserra la corde et laissa aller Satan à demi étouffé. A quoi M. Anatole France observe finement que le moine fût sage : plus de diable, plus de saints. Le diable mort, tout l'édifice de la religion s'écroulait. Peut-être tout simplement « Schnoudi éprouva-t-il une insurmontable difficulté à étrangler le diable ». En tous cas, il est vrai que Satan l'avait échappé belle.

Sans doute cette aventure lui servit de leçon et lui fut profitable. Il changea de tactique. De ce temps il évita de se rencontrer avec les hommes et de les aborder de front, comme disent les gens de guerre. Il envahit par surprise le corps de ses victimes et, maître de la place, il mena les âmes à sa guise et les induisit aux pires folies.

C'est ce que l'on avait coutume d'appeler la possession.

Dans notre pays de Lorraine, les cas de possession étaient assez fréquents.

Au commencement du XVIIe siècle, maître Maurice Villemin, administrateur et vicaire perpétuel de la cure d'Epinal, docteur en théologie, n'avait pas son égal pour mettre le diable en fuite. C'était, si j'ose dire, sa spécialité, comme les rebouteux soignent les entorses. Ainsi, dans quelques villages arriérés, les maréchaux ou les charrons guérissent encore « du secret » en traçant des signes avec des brins de paille, en décrivant des gestes symboliques et en prononçant des paroles mystérieuses. Maître Maurice Villemin était un habile homme et il excellait à délivrer les possédés. Sa renommée était très grande dans les villes et les pays voisins. On venait des lieux les plus lointains pour éprouver ses pieux sortilèges. Et il était rare que le diable résistât à ses exorcismes. Toutefois Satan n'était pas toujours vaincu. Le diable est têtu et en cela il a beaucoup de force.

En 1614, un pauvre homme de Vrainville, dont Satan tenait l'âme et habitait le corps, fut amené au bon prêtre. Celui ci poursuivit le démon de discours véhéments, le chargea de terribles menaces, fulmina contre lui des malédictions effroyables, mima avec autant de zèle que de patience les gestes rituels, submergea le patient d'effluves magiques. En vain, le diable tint bon. Bien plus, il redoubla ses maléfices et se joua des exorcismes avec une audace inouïe. L'homme se trouva « tellement perturbé que, s'étant mis en fougue, on fut contraint de le lier et garrotter, voire de le faire garder à la Porterie d'Ambrail ». Puis, comme « il continuait sa rage », on dut « à raison du scandale le renvoyer audit Vrainville, lieu de sa nativité. »

Pour bien dire, maître Maurice Villemin était un exorciste à l'usage du commun. Il opérait *in animâ vili*, et ses cures pourraient être nommées bourgeoises ou populaires. Quand le possédé était de qualité, la cérémonie de l'expulsion avait plus d'ampleur et de solennité. Sans doute, l'effort était plus grand et l'on avait plus de peine à purger les âmes patriciennes. Les chefs du diocèse, les plus doctes prélats et des médecins habiles s'unissaient en un collège auguste. Et ils officiaient avec la pompe et l'exactitude qui convenaient à leur mérite et à leur caractère.

Et voici qu'après ces longs détours d'une promenade en vérité sinueuse, mais non point inutile, j'arrive enfin à mon récit.

Vers l'année 1620, Mademoiselle Elisabeth de Ranfaing menait à Ranfaing, proche Remiremont, une vie de renoncement et de foi. Cependant le parfum de ses vertus n'éloigna point Satan, avide pour l'ordinaire des âcres senteurs du vice. Un jour, elle manifesta par des signes non équivoques que le démon la possédait. C'est au demeurant ce qui se connaît aisément. Car, explique Dom Calmet, le diable agite le possédé, remue sès humeurs, lui souffle des blasphèmes, lui fait parler des langues qu'il n'a jamais apprises, lui découvre des secrets inconnus, lui donne la connaissance des choses les plus obscures de la philosophie et de la théologie. Ces façons insolentes et tapageuses, cette hâblerie du démon ne doivent pas nous surprendre. Elles sont un effet naturel de son immense orgueil qui amena sa chute dans les temps bibliques.

Quand il apprit l'aventure, le peuple fut rempli de terreur et de trouble parce qu'elle lui parut inexplicable. Mais c'est une loi immuable que tout événement a une cause. Le diable même n'y peut rien changer. La disgrâce de Mademoiselle de Ranfaing avait sa cause qui fut bientôt connue.

Un médecin, nommé Poirot, s'éprit de la jeune fille et brigua sa main. Elisabeth de Ranfaing était pleine de sainteté et sa vie était dédiée aux travaux de la foi. Poirot ne fut pas agréé. Il ne se découragea point et résolut de vaincre l'inclémente par les artifices de la magie. Secrètement, il lui versa des philtres. Elle ne l'en aima point davantage mais sa santé fut grièvement atteinte et son esprit troublé. Les médecins, impuissants à la guérir, voire à la soulager, opinèrent qu'elle subissait des influences magiques contre lesquelles leur science était vaine. Alors, on décida de l'exorciser. Cependant, ses maléfices étant découverts, Poirot fut convaincu de sorcellerie et condamné à être brûlé.

Les premiers exorcismes eurent lieu à Remiremont. Mais, le diable s'obstinant et la possédée étant de qualité, il parut convenable et d'ailleurs plus sûr de la mener à Nancy. Là, les médecins qui l'examinèrent derechef, affirmèrent que les symptômes de son mal n'étaient pas ceux d'une maladie ordinaire et connue. C'est pourquoi ils prononcèrent avec prudence que le cas de Mlle de Ranfaing, n'étant pas prévu par la science et ses docteurs, ne pouvait être qu'un exemple mystérieux de possession diabolique. Cet accord imposant et peu commun répandit la confiance dans les âmes ecclésiastiques et les chefs de l'Eglise reprirent avec zèle les cérémonies purificatoires dont l'opportunité n'était plus douteuse.

M. Meillan des Porcelets, évêque de Toul, nomma sans retard trois exorcistes, qui furent M. Viardin, docteur en théologie, conseiller d'Etat du Duc de Lorraine, un jésuite et un capucin. Dans le fait ils furent assistés de presque tous les religieux de Nancy, de l'Evêque lui-même, de l'Evêque de Tripoli, suffragant de Srasbourg, de M. de Sancy, ci-devant ambassadeur du Roi Très-Chrétien à Constantinople et prêtre de l'Oratoire, de Mgr Charles de Lorraine, évêque de Verdun et de deux docteurs envoyés tout exprès de Sorbonne.

Et cette illustre cohorte engagea le combat avec l'esprit malin. Par une ruse de guerre, bien propre à lasser sa résisance et à surprendre sa vigilance, les exorcismes se succédèrent précipités, comme les coups du bélier antique heurtaient sans relâche les murs d'une citadelle. Les exorcistes interpellèrent Satan en trois langues différentes, en hébreu, en grec et en latin. Chose incroyable qui ne s'explique que par l'astuce insondable du démon, la possédée, qui de coutume lisait à peine le latin, fit chaque fois une réponse congruente. Bien mieux, M. Nicolas de Harlay atteste qu'il put se faire comprendre sans qu'il prononçât une parole et par le seul mouvement des lèvres.

Le sieur Garnier, docteur en Sorbonne, la questionna en langue hébraïque. Elle répondit pertinemment, mais en français, disant :

— Le pacte est fait. Je n'userai que

du langage ordinaire. N'est-ce point assez que je te montre que tu es compris?

Alors Garnier, l'interrogeant en grec et prenant d'aventure un cas pour un autre, la possédée ou plutôt le diable, qui est humaniste, lui dit :

— Tu as failli.

Le docteur reprit en grec :

— Montre ma faute.

Et le diable :

— Contente-toi que je la signale. Je n'en dirai pas davantage.

Le docteur lui ordonnant de se taire, le diable répondit :

— Tu me commandes de me taire, et moi je ne veux pas me taire.

Sur quoi, décontenancé et penaud, l'exorciste battit en retraite, comme un guerrier défait s'éloigne du combat.

M. Midot, écolâtre de Toul, lui succéda. Il était bien connu des Spinaliens pour avoir maintes fois enregistré ou conduit leurs procédures devant les juges diocésains. Il dit en grec au démon :

— Assieds-toi.

Le démon répliqua, volontaire :

— Je ne veux pas m'asseoir.

M. Midot insista :

— Assieds-toi par terre et obéis.

Le démon obéit.

M. Midot continua :

— Etends le pied droit.

Il l'étendit.

Enfin M. Midot :

— Cause lui du froid au genou.

Et la possédée cria qu'elle y sentait un grand froid.

Le sieur Mince, docteur en Sorbonne, tenait une croix dans sa main. Le diable lui dit en grec et à voix très basse :

— Donne moi la croix.

M. Mince pressa le diable de réitérer sa demande à haute voix. Il répondit :

— Je ne répéterai pas tout en grec.

Il dit en français « donne-moi », et en grec « la croix ».

Puis, le P. Albert, capucin, lui commanda de faire sept fois le signe de la croix avec la langue, en l'honneur des sept joies de la Vierge. Le diable décrivit trois fois le signe avec la langue et deux fois avec le nez. Le religieux lui ordonna derechef de se signer sept fois : il se signa. Le capucin lui enjoignit de baiser les pieds de l'évêque de Toul : le diable se prosterna et docilement baisa les pieds de l'évêque.

Le P. Albert, remarquant que le démon cherchait à renverser un bénitier qui était proche, lui dit :

— Je te défends de répandre l'eau bénite. Je veux que tu prennes le bénitier et que tu le portes à M. le Gouverneur de la ville

Le diable répliqua :

— On n'a pas coutume d'exorciser en langue grecque.

Le Père répondit en latin :

— Il ne t'appartient pas de nous imposer des lois. L'Eglise a le pouvoir de te donner des ordres dans la langue qui lui plaît.

Alors le démon prit le bénitier et le présenta au gardien des Capucins, au duc Erric de Lorraine, aux comtes de Brionne, de Remonville, de la Vaux et aux autres seigneurs.

Un médecin, M. Pichard, prononça une phrase à la fois hébraïque et grecque. Il demanda à Satan de guérir la tête et les yeux endoloris de la possédée. Le diable protesta vivement :

— Ma foi, je ne suis pour rien dans sa souffrance. Elle a le cerveau fort humide. Sa douleur provient de son tempérament naturel.

A ce coup, M. Pichard observa :

— Prenez garde, Messieurs, qu'il répond à l'hébreu et au grec tout ensemble.

—Oui, confessa le démon, tu découvres le pot aux roses et le secret. Je ne répondrai plus.

M. Viardin lui posa en latin plusieurs

questions qu'il entendit et lui commanda plusieurs gestes qu'il exécuta. Puis l'exorciste lui ayant dit par mégarde :

— *Per eum qui adversus te præliavit.*

Le démon ne lui laissa point le temps de se reprendre et s'écria avec malice :

— O l'âne ! au lieu de *prœliatus est !*

L'interrogatoire se poursuivit dans les langues les plus diverses. Puis Satan accomplit des actes qui passent la puissance humaine. Ainsi la possédée se mit à ramper sur le sol sans faire usage de ses pieds ni de ses mains, et ses cheveux parurent se hérisser comme des serpents.

Cette étrange cérémonie dura plusieurs jours. Elle se termina par la défaite du démon et la délivrance de la pauvre Elisabeth. Elle sentit la grâce se répandre soudain dans toute son âme comme une onction lénifiante. On dit que, satisfait de cette épreuve qui était un gage de son amour, Dieu élut sa protégée pour fonder l'ordre fameux du Refuge. Et Mademoiselle de Ranfaing coula le reste de sa vie dans une douce et sainte quiétude qu'elle avait bien gagnée.

Voilà ce que le bon abbé dom Calmet rapporte avec gravité. Si on lui avait dit qu'il contait une fable, il en eût été surpris et il ne l'eût pas cru. Il appuie son opinion des témoignages autorisés de tous les assistants. Il ajoute qu'au demeurant mademoiselle de Ranfaing avait trop de sainteté pour feindre la possession par moquerie, d'autant qu'elle en éprouva mille douleurs.

C'est, à son jugement, beaucoup plus qu'il n'en faut pour que les hommes de sens ne doutent point de la réalité de ces choses merveilleuses. Est-il croyable qu'un religieux, le P. Pithoy, poussa l'impertinence et la témérité jusqu'à nier ces faits véritables ? Il fut sévèrement repris par son évèque et par ses chefs, qui surent bien lui imposer silence.

Heureuses gens qui gardaient, dans leur candeur, des moyens d'émotion si puissants, qui savaient remuer leurs âmes de ces délicieuses terreurs !

L'exemplaire de l'ouvrage de dom Calmet que je possède et d'où je tire mon récit appartint autrefois à quelque voltairien. D'une plume trempée dans le fiel, il écrivit dans les marges des notes amères, où le bon abbé se trouve fort malmené. « Dom Calmet, abbé de Senones, n'a été que l'éteignoir des éteignoirs ! de plus, fourbe, avec connaissance de cause, etc., etc. » Sont-ce là termes galants ? Ce philosophe était injurieux et méchant, son âme était rageuse. En vérité, ce docteur, plus pédant que sage, ignorait que la plus belle vertu du philosophe c'est l'indulgence et la douceur.

La Légende de Saint-Goëry

À mon frère Henri.

La Légende de Saint-Goëry

Goëric, Goëry ou Abbon naquit à la fin du VIe siècle, de parents riches et illustres. Il devait à sa naissance d'étudier la science militaire, de s'exercer dans l'art de la cavalerie, le maniement des armes et les travaux du corps. Il y excella et s'éleva rapidement aux plus hauts grades de la Milice. Puis, il devint successivement comte, duc et roi d'Aquitaine.

En ce temps-là, le royaume d'Aquitaine soutenait sans relâche le choc des invasions barbares. Des hommes de toutes les races et de tous les pays, des Huns, des Vascons, des Alamans, des Goths, des Saxons, y portaient sans trêve le fléau de la guerre. Goëric leur infligea des défaites éclatantes et leur prit un immense butin. Ainsi il délivra son pays des païens et l'enrichit de leurs dépouilles.

En vérité Goëric dut ses victoires à ses talents militaires, mais il les rapporta surtout à la faveur divine. Car il était pieux et plein d'humilité. Au milieu des fatigues et des soins de la guerre, quand il pliait sous le faix des affaires publiques, il ne manqua jamais de se lever chaque nuit, à l'heure de minuit, et de se retirer sept fois le jour dans son oratoire afin d'y prier le Seigneur.

Pour tout dire, il réunissait tous les dons de l'âme. Il était fort éloquent. Et par une vertu singulière pour un homme disert, il parlait avec sincérité, et son jugement était rapide et droit.

Goëric avait deux filles, belles et vertueuses, Précie et Victorine, et il les tenait pour un présent du ciel.

Cependant Dieu, qui l'aimait comme le plus fidèle de ses serviteurs, lui donna un gage terrible de son amour et, selon la parole de son hagiographe, le visita rudement. Il priva ses yeux de la lumière du jour, et soudainement, Goëric devint aveugle.

Il n'en eut point de révolte et s'écria simplement :

— Dieu l'a voulu ainsi. Que sa volonté soit !

Et il subit sa disgrâce sans une plainte, avec une patience admirable. Il vécut parmi le luxe des cours, le faste des palais, au milieu des soldats et des peuples, dans l'abondance des biens terrestres, sans qu'il en pût jouir. Et de sa bouche ne sortirent jamais que des actions de grâces et des paroles de foi.

A la fin, Dieu jugea que l'épreuve avait assez duré. Une nuit, un ange apparut à Goëric, et il lui dit, avec une voix d'argent :

— Fils chéri du Seigneur, le temps est venu où ta misère va se changer en joie, et où la vue te sera rendue. Tu iras en la cité de Metz, tu entreras dans le sanctuaire dédié à saint Etienne, le martyr glorieux, et là tu répandras les prières et les offrandes. Alors tu retrouveras la lumière de tes yeux et la santé de ton corps.

Dès le jour suivant, Goëric accomplit la parole divine. Il réunit ses soldats et ses valets et se mit en chemin, accompagné de ses filles, Précie et Victorine.

Arnoulph, qui était évêque de Metz et cousin de Goëric, apprit par la révélation la venue de son parent. Il fut au-devant de lui et l'accueillit avec tendresse. Il l'exhorta à la dévotion, parce qu'il avait encore plus de sainteté que le saint roi, il ajouta des plumes aux ailes de sa piété, selon l'écriture des hagiographes, et il le bénit.

Cédant aux conseils d'Arnoulph, Goëric entreprit sans retard la construction d'une église, vouée à saint Pierre. Un jour que, mêlé aux ouvriers, il s'entretenait avec eux, il recouvra la vue subitement. Les ouvriers et le peuple connurent aussitôt le prodige, et ils furent remplis d'étonnement et de joie.

Cependant Arnoulph nourrissait depuis longtemps le dessein de se retirer dans les solitudes de la Vôge, pour y méditer, en compagnie de Romaric, sur les mystères ineffables. Il pria Dagobert, fils de Clotaire et roi du pays de Metz, de le laisser partir. En vain Dagobert le pressa de garder sa fonction; en vain le jeune prince osa porter sur lui une main sacrilège et le menaça de son épée, Arnoulph demeura ferme dans son propos. Et Dagobert, repentant et vaincu, entendit à la fin sa demande.

Arnoulph déposa la mitre et la crosse, et désigna pour lui succéder, dans l'évêché de Metz, Goëric, roi d'Aquitaine. Et, tandis qu'Arnoulph et Romaric, fuyant le siècle, gagnaient la cime du mont Habend, comme s'envolent deux tourterelles gémissantes, Goëric rendit avec allégresse la couronne et la pourpre.

Devenu évêque de Metz, Goëric se montra le plus attentif et le plus diligent des pasteurs. Parce qu'il était plein de bonté et de douceur, il mérita dans l'histoire le nom de benoît.

Sa munificence égalait sa charité. Il décora les églises d'ornements et de vases d'un prix inestimable; il fit fondre et ciseler un plat d'argent, d'un art merveilleux, pesant septante-deux livres. Dans le même temps, il répandait sans compter les aumônes. Et le peuple s'étonnait qu'il eût assez de richesses pour être à la fois si bienfaisant et si magnifique.

Goëric donnait toute sa vie aux travaux de la foi. Il récitait des prières et lisait les Ecritures; par de belles prédications, il annonçait la parole de Dieu; il célébrait la messe avec une telle ferveur qu'au milieu du sacrifice il poussait des soupirs et versait des larmes mystiques.

Mais, au-dessus de tout, Goëric estimait la douce méditation. Souvent il s'éloignait de Metz, avec ses filles et quelques serviteurs, et gagnait un lieu solitaire qui était dit le Chaumont[1]. Il s'arrêtait dans une vallée étroite, baignée d'une claire rivière et entourée de croupes revêtues de forêts. Une seule de ces collines était nue. Elle était située du côté de l'Orient, et les ruines d'un castrum romain la couronnaient. Dans la petite vallée, quatre cabanes chétives, semées parmi les broussailles et les ronces, abritaient des pêcheurs misérables. Et dans le grand silence qui descendait des monts et pesait sur toutes choses, troublé seulement par le cri des buses et le bramement des cerfs lointains, le sage Goëric, loin des hommes vains et bruyants, goûtait la paix délicieuse de l'esprit.

Le Chaumont était proche de la Vôge. Goëric en profitait pour visiter souvent

---

(1) C'est là que la ville d'Epinal devait être fondée.

Arnoulph et Romaric. Et sur la cime éminente de l'Habend, détachée de la terre et voisine du ciel, ces hommes, prudents et vertueux, unissaient leurs rêveries profitables. Et Goëric redescendait dans la plaine du Chaumont, l'âme quiète et remplie de visions bienheureuses.

Il pensa que ce lieu devait être consacré et béni. Au pied du castrum ruiné, il fonda un monastère de vierges, et il en donna la conduite à sa fille Précie. Puis il édifia dans la forêt une chapelle dédiée à Saint-Oger. Et sa deuxième fille, Victorine, y fit sa pieuse retraite.

A quelque temps de là, Arnoulph mourut dans les bras de Romaric, et il fut inhumé au sommet de la montagne qu'il illustra de ses vertus. Goëric, son parent, son ami et son disciple, ordonna d'ouvrir sa sépulture et de transporter son corps dans la ville de Metz.

La cérémonie eut lieu avec une grande

pompe et Goëric lui-même y présida, assisté des évêques de Verdun et de Toul. Et ce fut un spectacle étonnant de voir, parmi les forêts sauvages et les rudes campagnes de la Vôge, le cortège imposant des soldats aux armes brillantes, des hommes vêtus de braies et de tuniques, accourus des villes et des demeures lointaines, des évêques, dont les crosses, les mitres et les chasubles reluisaient. Quatre laboureurs portaient, sur leurs épaules robustes, les restes du Saint voilés d'une étoffe tissée d'argent. Et le cortège s'avançait lentement au milieu des sapins noirs, aux fûts innombrables et droits comme des lances.

Au déclin du jour, quand le soleil, pareil à un globe de feu, fut à demi caché par la cime des montagnes, Goëric et ses gens franchirent les frontières de la Vôge et atteignirent le pays du Chaumont. Ils gagnèrent une opulente villa dont les bâtiments et les portiques immenses, peuplés d'esclaves et de colons, pouvaient abriter la foule des pèlerins. Les hommes se réjouissaient parce qu'ils étaient pâmés de chaleur et las.

Mais voici que les porteurs s'arrêtèrent sur le seuil de la maison, comme si un pouvoir surhumain les eût cloués au sol. Et Goëric connut le sens du prodige.

Cette villa appartenait à un homme riche à la vérité, mais injuste et impur. Durant sa vie, Arnoulph avait tenté vainement de le ramener au bien. Et, mort, il refusait d'entrer dans la demeure de ce païen rebelle aux avis de la foi.

Goëric demeurait incertain et les hommes exténués commençaient de gémir et de perdre courage, car ils ne découvraient d'autre refuge prochain.

Alors un noble seigneur, qui s'appelait Nothon et qui était fameux par sa prudence et par ses richesses, s'approcha de Goëric et lui dit :

— Maître, j'habite en ce pays une simple villa où je voudrais vous accueillir. Il est vrai que ma demeure est lointaine, mais, par l'aide de Dieu qui ne vous a jamais failli, vous y arriverez bientôt.

Et Goëric ordonna à la multitude de reprendre le voyage vers la villa du bon seigneur Nothon. Aussitôt il parut que la foule du peuple, les soldats, les laboureurs, les évêques et les porteurs volaient, à la manière des oiseaux. En moins de trois heures, ils parcoururent le trajet qu'un piéton accomplit de coutume dans une journée entière.

Nothon réunit ses serviteurs et leur commanda de servir à boire à ses hôtes. Les valets ne trouvèrent dans les celliers qu'un peu de cervoise. Mais, par un nouveau miracle, cette boisson suffit à étancher la soif des pèlerins innombrables.

Enfin, au bout de plusieurs semaines, le cortège arriva dans la cité de Metz et le corps d'Arnoulph fut déposé avec honneur dans l'église Saint-Jean-l'Evangéliste.

Goëric continua de vivre dans la piété, le renoncement et l'abstinence.

Tandis que les citadins riches buvaient l'hydromel, les vins de Palestine, de Bourgogne et de la Gaule, qu'ils chargeaient leurs tables de viandes, de poissons, de fruits et de gâteaux de lait, et que, couchés sur des lits de pourpre, ils se plaisaient aux longs festins, Goëric, comme les plus pauvres des hommes, rompait le pain d'orge et l'arrosait d'eau pure. Il soutenait son corps par la vigueur de son esprit et par sa volonté.

Mais les forces des hommes sont mesurées. Goëric, usé par le labeur et par les privations, sentit venir sa fin. Il s'étendit sur un lit de cendres et, d'une âme tranquille, il attendit la mort. Ainsi, il demeura trois jours entiers, priant et psalmodiant; puis il s'éteignit doucement dans le Seigneur.

Ses restes furent ensevelis dans l'Eglise Saint-Symphorien de Metz, derrière l'autel des saints Crépin et Crépinien.

Un de ses successeurs, Thierry de Hamelant, donna ses reliques tutélaires à l'église d'Epinal, et ne retint que son chef auguste.

De ce temps, saint Goëric ou Goëry devint le benoît protecteur des bourgeois spinaliens et le patron de leur cité. Et ses images vénérées fleurirent sur leurs autels et au seuil de leur ville, au-dessus de la Porte de la Fontaine.

La Garde nationale à Épinal et dans les Vosges

A M. le Lieutenant Bernardin.

La Garde nationale à Épinal et dans les Vosges

Toutes fois que je songe à l'armée citoyenne, je revois, par la pensée, une amusante estampe de Daumier, que j'ai dans mes cartons. Elle figure un charcutier obèse en uniforme de sapeur de la garde nationale. Ce bourgeois pacifique, la face glabre, est coiffé d'un immense bonnet à poil terriblement velu. Un tablier de cuir s'étale sur son large ventre où croise le baudrier. Une hache pesante charge son épaule droite et ses mains sont enfouies dans des gants à crispin. Mais malgré son ourson, malgré ses armes, sa hache et son sabre, malgré la moue sévère que dessine sa lippe tombante, l'honnête milicien apparaît débonnaire. Il se redresse au milieu de sa boutique, parmi les viandes étalées. Cependant son épouse le contemple avec une admiration inquiète et gémit de la sorte :

— Je ne suis pourtant jamais tranquille quand j'te vois sortir comme ça. J'crains toujours, Monsieur Moussard, que malgré toi tu me fasses quelqu' infidélité !

Les caricaturistes ont toujours manqué de charité envers la garde nationale. Ils n'ont vu que ses travers apparents et ses dehors comiques. Pourtant, il faut bien dire que les officiers et les soldats montraient beaucoup de zèle et pratiquaient à l'occasion les vertus militaires. C'est ce que prouve bien l'histoire des cohortes vosgiennes.

En 1815, lorsque Napoléon revint de

l'ile d'Elbe, les souverains de l'Europe répondirent à l'allégresse des Français par la plus formidable coalition qu'ils eussent encore formée. L'empereur s'y attendait. Avec une ardeur infatigable, il organisa la résistance. Il décida que l'armée régulière tiendrait la campagne, tandis que les milices mobilisées défendraient le sol national et garderaient les places fortes.

Les Vosges fournirent quatorze bataillons de volontaires.

Le 27 avril, les gardes nationales du département se concentrèrent à Epinal. Il en arrivait de partout, de la montagne et de la plaine. Les légions en marche s'allongeaient à perte de vue sur les bords de la Moselle et venaient se masser sur la promenade du Cours.

L'enthousiasme était extrême. Les volontaires, animés d'ardeurs belliqueuses, criaient à pleins poumons : Vive l'Empereur ! Les Spinaliens les acclamaient et répétaient le cri de : Vive l'Empereur ! La musique de la ville jouait et rejouait la *Marseillaise*. Les autorités municipales et deux généraux accueillaient les gardes avec cordialité et les passaient en revue.

Soudain, un événement pénible répandit la tristesse dans cette foule secouée d'une joie patriotique. Un ancien conventionnel qui avait voté la mort de Louis XVI, Perrin des Vosges, s'était joint au cortège officiel. Admirateur fanatique de la Révolution, il nourrissait une haine tenace contre les puissances coalisées et applaudissait avec bonheur aux efforts héroïques de la France épuisée. Quand il vit les cohortes s'avancer fièrement, conduites par leurs officiers, précédées du drapeau tricolore, dans le clair soleil d'avril, sa joie n'eut plus de bornes. Hélas ! L'émotion avait été trop forte : il tomba foudroyé, aux yeux de la multitude consternée.

A quelques jours de là, les quatorze bataillons de la garde nationale vosgienne étaient réunis, organisés et équipés, prêts à prendre la campagne.

Le 7 mai, le Préfet des Vosges Cahouët et le général baron Privé remirent avec cérémonie au 1er bataillon un drapeau que les dames d'Epinal lui offraient. Elles avaient brodé de leurs mains, en lettres d'or, d'un côté cette inscription : Garde nationale des Vosges, et de l'autre cette devise : Amour et fidélité à l'Empereur. Le même jour, le 1er bataillon partit vers Sarrelouis.

Les autres bataillons le suivirent de près sur la route d'Alsace. Le danger étant pressant, on les fit voyager en poste, comme en 1809 la garde impériale passa d'Espagne en Autriche sur des voitures réquisitionnées.

Dans la nuit du 12 mai, les habitants de Nancy furent tirés de leur sommeil par un bruit inusité et les cris de : Vive l'Empereur, qui remplissaient les rues. C'étaient les clameurs d'allégresse des volontaires vosgiens et le roulement des deux cents chariots attelés de six chevaux qui les transportaient.

Un témoin écrit que l'enthousiasme de ces hommes passait l'imagination. Il renonce à le peindre. Ils marquaient une joie débordante à courir aux frontières menacées et acclamaient l'Empereur à tue-tête. Ils se montraient les dignes cadets des volontaires Vosgiens de 1792, de ceux qui avaient bien mérité de la Patrie.

Dans cette troupe militaire, il y avait deux ou trois cents femmes habillées en hommes et enrôlées comme soldats. L'une d'elles portait les galons de sergent-major.

C'était la jeune femme de François Pellet, avocat éloquent du barreau d'Epinal et poète plein de gloire. A telles enseignes qu'il reçut le surnom de *Barde des Vosges*. C'était l'époque des enthousiasmes. En vérité, les vers de Pellet sont respectables : il faut bien le dire puisqu'il était avocat et enfant d'Epinal. Mais je gage que ses plaidoyers valaient mieux que ses poëmes. Quoi qu'il en fût, Pellet avait une grande renommée. Quand il mourut toute la ville fut en deuil et le vice-président du tribunal, M. Perrin, grava son portrait d'un burin habile. Dans cette estampe connue, Pellet, entouré de nuages comme un dieu antique, est dessiné en buste et de profil.

Donc Pellet commandait une compagnie de la garde nationale et sa femme, comme beaucoup d'autres, avait voulu suivre son mari à la guerre. Par bonheur, ces guerrières revinrent toutes saines et sauves dans leurs foyers.

Les hommes combattirent avec vaillance. Le bataillon qui défendit Landau reçut des habitants, en reconnaissance de sa belle conduite, une bannière d'honneur qui était resplendissante. En 1816, elle fut brûlée sur la place publique avec tous les emblèmes napoléoniens que le fanatisme royaliste détruisit stupidement. Un bourbonnien trop zélé — sans doute un impérialiste de la veille, quelque laquais du régime impérial, — la tira des greniers de la Préfecture où elle était cachée et la livra aux exécuteurs ridicules.

En 1815, les milices nationales ne furent pas les seuls auxiliaires de l'armée de ligne. L'empereur, qui avait gardé le souvenir des services rendus en 1814 par les partisans, ordonna par décret la création des Corps Francs. Dès le mois de mai, l'autorité militaire recruta dans les Vosges assez de volontaires pour former des corps d'infanterie, de cavalerie et d'artillerie.

La ville d'Epinal fournit une compagnie d'infanterie. Elle comprenait trente volontaires, habillés à leurs frais et portant l'uniforme vert des chasseurs à cheval. Ils étaient casernés en la rue Jeanne d'Arc, dans la maison qui porte le numéro 32. Leur capitaine était un avocat spinalien, du nom de Colin. Toutes les opérations militaires de la compagnie se limitaient à des inspections que passaient le général en chef et le colonel de l'infanterie des corps francs départementaux.

Cependant la compagnie brûlait de voler aux frontières. Au cours d'une revue, les hommes s'en ouvrirent au général qui promit de les y conduire et qui, dans le fait, les mena, dès le jour suivant, à Remiremont. Ils y arrivèrent le jour de la Fédération. Les habitants leur firent un chaleureux accueil et les convièrent au banquet fédératif, dans les salles de l'abbaye. Vers la fin du repas la nouvelle éclata que les Russes et les Autrichiens avaient envahi l'Alsace.

On battit le rappel et les troupes de ligne, infanterie, cavalerie et artillerie, se rassemblèrent en toute hâte.

Les volontaires se réjouirent de marcher enfin à l'ennemi, comptant rallier l'armée régulière. Leur déception fut grande quand ils reçurent l'ordre inattendu de regagner Epinal. Une pareille expédition manquait de gloire.

Deux volontaires, plus hardis que les autres, s'obstinèrent dans leur dessein. Ils rejoignirent les artilleurs qui s'éloignaient, avec leurs pièces, de la promenade du Tertre où ils avaient campé. Ils se hissèrent chacun sur un canon et, chevauchant leur monture de bronze, s'acheminèrent vers Bussang. Il fallut que leur capitaine les menaçât de la gendarmerie pour qu'ils se résignassent à la retraite.

Quand les volontaires rentrèrent à Epinal, les Spinaliens les poursuivirent de leurs moqueries, qu'ils ne méritaient point. Par dérision, ils les surnommèrent les *boin oeuvrés*, les bons ouvriers,

Quelques jours après, les corps francs étaient licenciés.

En 1830, la garde nationale des Vosges fut réorganisée par le préfet Siméon. Il s'y employa d'une belle ardeur et le nombre des inscrits, qui n'atteignait pas 4.000 hommes, se trouva porté à soixante mille soldats pour le service ordinaire.

Le sous-préfet de Neufchâteau, illuminé de civisme, inventa une arme nouvelle qu'il fit aussitôt fabriquer et vendre à bas prix. C'était une façon de lance dont le fer mobile avait la forme d'un sabre.

On imagina aussi, pour gagner du temps et réduire les frais des miliciens, l'emploi de la blouse gauloise, de toile rude et de couleur bleue, serrée à la taille par une ceinture de cuir. Mais les hommes pourvus du costume militaire formaient seuls les compagnies d'élite, des grenadiers et des voltigeurs. Les gardes en blouse étaient versés dans les compagnies du centre et plaisamment surnommés les *bisets*.

On sait que les recruteurs de la garde nationale n'étaient pas exigeants. Ils acceptaient tout le monde, les infirmes, les bossus ou les boiteux, comme les autres.

Il y avait, dans un chef-lieu de canton vosgien, un cabaretier difforme. Court de taille, il avait la tête énorme, le dos immense et gibbeux, les bras démesurés. Néanmoins on l'avait enrôlé dans les voltigeurs de la garde nationale. Sa ressemblance avec le célèbre Mayeux était frappante. C'est pourquoi les autres miliciens lui avaient donné le nom de ce personnage, imaginaire et symbolique, dont il avait la figure. Le cabaretier s'en offensa :

— Appelez-moi empoisonneur, criait-il, appelez-moi cuistre, appelez-moi gâte-sauce, appelez-moi tout ce que vous voudrez, mais ne m'appelez pas Mayeux, sacrebleu, je ne le souffrirai pas.

Un autre milicien, un tailleur, qui était boiteux, se montra moins ombrageux que le cabaretier. Il acceptait sa disgrâce avec philosophie et en prenait même de l'orgueil. Il disait :

— Il y a des gens qui cherchent sottement à dissimuler leurs défauts physiques. Je ne suis pas de cette trempe-là, moi. La nature m'a favorisé d'une infirmité. Je suis boiteux de naissance, comme vous voyez et je ne le cache pas. Loin de là, je veux que tout le monde le sache et j'ai fait écrire en gros caractères sur mon enseigne : B*** *boiteux, tailleur.*

Cet honnête milice faisait assez fréquemment l'exercice. De coutume, les maires des communes rurales l'inspectaient le dimanche. En 1831, elle eut le grand honneur d'être passée en revue par le Roi.

Cette année-là, Louis-Philippe accompagné de ses deux fils, les ducs d'Orléans et de Nemours, arriva à Epinal. Le préfet rédigea une proclamation où il disait :

« Ce ne sont pas des flatteries et de vaines démonstrations que le Roi vient chercher. Il veut voir nos gardes nationaux, se mettre en communication avec nos populations, entendre les vœux des citoyens libres et amis de l'ordre. Si vous voulez lui plaire, au lieu d'arcs-de-triomphe, présentez-lui devant les rangs de vos bataillons civiques quelques vétérans de Jemmapes ou de Valmy. La vue d'un de ces anciens compagnons d'armes lui réjouira le cœur plus que ne pourraient le faire des devises et des emblèmes. »

Dix mille gardes nationaux répondirent à l'appel du préfet et se massèrent sur le Petit-Champ-de-Mars, derrière la promenade du Cours. Le roi et les princes passèrent la revue au milieu de la joie populaire. De la foule du peuple et des rangs des soldats montaient des clameurs enthousiastes, les cris ininterrompus de : Vive Louis-Philippe ! Vive le Roi-Citoyen ! L'émotion du roi et de ses fils était visible. Un vieillard de 89 ans, qui avait servi dans les armées de la Révolution, reçut des mains de Louis-Philippe la croix de la Légion d'honneur.

A ce moment, le capitaine commandant la compagnie d'Epinal eut la hardiesse de présenter au Roi une pétition où il exposait ses longs services et ses droits acquis et où il réclamait sa juste promotion à un grade supérieur. En cela il avait hérité le tranquille sans-gêne de ses aïeux, les vieux bourgeois d'Epinal, qui avaient coutume de porter eux-mêmes leurs requêtes à leurs princes, les évêques de Metz et les ducs de Lorraine. Peut-être cet usage n'est-il point tout à fait oublié. Il me souvient que, quelques années en çà, le Préfet des

Vosges inspectait, sur l'Avant-Cours, la compagnie des sapeurs-pompiers d'Epinal. Un vétéran, petit et chenu, — je le vois encore, — lui tendit un papier. C'était une pétition signée de quelques vieux pêcheurs pacifiques comme lui. Ils demandaient que le Préfet autorisât la pêche à la trouble, — à la *treuille*, disaient nos chartes, — à la treuillotte, disaient le vétéran et les pêcheurs, dans le langage des enfants d'Epinal.

Revenons à notre capitaine. Le maréchal Soult, qui accompagnait le Roi et pratiquait la stricte discipline des soldats de l'Empire, vit sa démarche. Il saisit au passage la pétition, la déplia et, fronçant le sourcil, la lut séance tenante. Il donna sa réponse sur l'heure : il infligea quinze jours d'arrêt au capitaine pour avoir négligé les formes de la hiérarchie.

La garde nationale d'Epinal comprenait un corps de cavalerie. C'était un escadron de lanciers, qui avait à sa tête un ancien militaire, nommé Pierre D..... Né dans le Midi, il gardait l'empreinte de son origine : il inclinait aux exagérations comiques du langage. Dans les parades, il stimulait le zèle de ses cavaliers, faisant caracoler son cheval, et leur disant avec un accent méridional :

— Faites les beaux, faites les beaux. Faites comme moi.

Il avait coutume de narrer à sa manière ses campagnes et ses exploits. Invariablement il terminait son récit de la sorte :

— Feuille-tez, feuille-tez les Fastes de la Gloire, vous y trouverez le nom de Pierre D....

Un jour, un plaisant lui ayant répondu :

— J'ai feuilleté et n'ai rien trouvé », il ne se troubla point et répliqua avec aplomb :

— Alors, c'est que je suis dans le second volume.

C'est lui qui commandait le poste de la Préfecture quand le duc d'Angoulême y gita en 1820. Avec une tranquille superbe il le manda ainsi à son épouse :

— Allez dire à Madeleine que je dîne avecque le Préïnce !

Lors de la Révolution de 1848, quand le docteur Türck remplaça, avec la qualité de commissaire du gouvernement, le Préfet révoqué, la garde nationale fut encore une fois réorganisée. Elle eut l'occasion de combattre les révolutionnaires et de rétablir l'ordre et la paix de la rue. Voici dans quelles circonstances.

Le 28 février 1848, le Conseil municipal en exercice ayant été dissous, on procéda à l'élection d'une nouvelle assemblée. Cette élection fut des moins régulières. Les candidats, parés de l'écharpe tricolore, s'exhibaient sur le balcon[1] de la maison qui fait l'angle de la Place des Vosges et de la rue du Pont. De là on les proposait au suffrage du peuple. La foule qui emplissait la Place, nommée

(1) Ce balcon a été démoli depuis.

le matin même place de la République, répondait par des clameurs, mêlées de plaisanteries. Le peuple a de ces défaillances ! Il n'importait : tous les candidats étaient sur-le-champ proclamés élus, avec une gravité imperturbable.

Soudainement, une troupe d'émeutiers se rua vers les Grands Moulins, conduite par quelques démagogues imbéciles. Ceux-ci répandaient la fable que le meunier avait jeté son grain dans la rivière pour affamer le peuple. Ce jour-là, les nouveaux conseillers furent assez heureux pour dominer l'émeute par leur fermeté et ramener le calme dans les esprits.

Quelque temps après, le 8 mai, à huit heures du soir, les manifestants assaillirent derechef les Grands Moulins. Cette fois, la gendarmerie, la troupe et la garde nationale durent intervenir pour protéger les Moulins. La cavalerie fut dissimulée dans la rue derrière la Faïencerie. Les gendarmes et la garde, infanterie et artillerie, se massèrent sur le gravot.

Le capitaine de gendarmerie avait affirmé avec assurance :

— Les émeutiers ne me font pas peur. Je leur ferai la barbe avec mon sabre.

Le capitaine s'était vanté : il fallut en rabattre. Les révoltés firent pleuvoir sur la troupe une pluie de sable et une grêle de pierres. Les gardes restèrent impassibles, forts comme des soldats ou pacifiques comme des bourgeois. Un garde national, marchand de nouveautés de son état et phraseur onctueux, sortit des rangs pour haranguer l'émeute. On ne l'entendit point. Il reçut une grosse pierre et une bordée d'injures, et reprit sa place déconfit. Pendant quatre heures, la garde nationale s'employa à refouler les manifestants pas à pas, jusqu'au pont des Quatre-Nations. Les gardes s'énervaient et visiblement leur patience se lassait.

A minuit, leur chef résolut d'en finir par un coup de force. Il ordonna à ses hommes de croiser la baïonnette. A ce commandement, les émeutiers se dispersèrent, comme un vol de moineaux s'éparpille au coup de fusil. L'émeute était vaincue.

La garde nationale d'Epinal comprenait une forte compagnie d'infanterie et une section d'artillerie. L'artillerie se composait de deux pièces de quatre, qui étaient remisées sous le préau du collège. Les exercices et les tirs avaient lieu dans la plaine de Chavelot. L'infanterie fournissait un poste de police, logé dans le corps de garde voisin du Palais-de-Justice. Le poste détachait un factionnaire sur la place des Vosges, devant l'arbre de la Liberté.

Le Gouvernement de 1848 avait décrété la plantation d'arbres de la Liberté, à l'image de la première République. Chaque commune eut son arbre, d'enthousiasme. Pour symboliser la liberté, toutes les essences étaient bonnes. Toutefois, dans maintes communes rurales, les maires ingénieux choisirent le cerisier, estimant que leurs administrés suceraient, avec les fruits, les principes républicains. A Epinal, on planta un jeune chêne, aux membres vigoureux, qui était l'emblème de la force. On le planta sur la place des Vosges, devant la fontaine.

Un jour, un milicien, que j'ai bien connu et qui était débonnaire, montait la garde au pied de l'arbre symbolique. Un ivrogne survint qui eut la fantaisie d'arroser le chêne, à la manière des buveurs de Téniers. En vain le factionnaire croisa la baïonnette et, par trois fois, cria : Au large! L'ivrogne avait son idée et n'en voulut démordre. Le factionnaire composa. Et, sous la protection du garde national, l'arbre fut bafoué.

Je sais un autre garde qui était animé

de sentiments hostiles à la République. Impuissant contre les hommes et le régime, il s'en prenait aux choses innocentes, ce qui était une grande preuve de son fanatisme. Il lardait de coups de baïonnette le tronc de l'arbre de la liberté, qu'il avait la consigne de défendre.

Daumier avait raison : ces miliciens de l'armée citoyenne gardaient, sous l'uniforme du soldat, une âme de bourgeois.

La Légende de Sainte-Ode

La Légende de Sainte-Ode

Dans l'église de Saint-Ouën-les-Parey se trouve le tombeau de sainte Ode, patronne du pays. La sainte est couchée sur une dalle et vêtue de l'habit des bénédictines. A chaque angle de la pierre, un ange est agenouillé, les ailes repliées, et tenant dans ses mains jointes une bobine de fileuse. Ces bobines sont symboliques et les habitants du lieu gardent le souvenir d'une légende qui en explique le sens. Je vais la rapporter telle qu'elle me fut contée par une vieille demoiselle dont l'âme était pleine de candeur et de piété.

Sainte Ode naquit à Grand, d'une

famille patricienne. Son père, Baccius, et sa mère, Lientrude, par une grâce spéciale, ne donnèrent le jour qu'à des saints et à des saintes, qui furent saint Elophe, saint Euchaire, sainte Libaire, sainte Ode et sainte Suzanne.

C'est pourquoi Baccius et Lientrude furent illustres dans leur progéniture.

Ode pouvait couler une vie facile parmi le luxe et les plaisirs du siècle. Parce qu'elle était remplie de sainteté, elle jugea qu'il était mieux de se mortifier et elle préféra les joies plus âpres du renoncement et de l'humilité.

Vêtue comme une pauvre fille de la plèbe, elle s'en fut au château de Saint-Ouën et s'y engagea comme chambrière. Dans le fait, elle s'y montra la plus docile et la plus zélée des servantes. Elle accomplissait sa tâche journalière avec une ponctualité qui étonnait ses maitres.

Chaque soir, ils lui donnaient à filer une quenouille toute chargée de lin, et le matin, le lin était filé et les bobines se trouvaient garnies.

Cependant Ode ne manquait jamais de sortir après le repas du soir et elle ne rentrait au château que fort avant dans la nuit. C'est ce dont ses maîtres s'émerveillaient le plus.

Ils résolurent de l'épier et de chercher l'explication du mystère.

Ils connurent que la jeune fille se dirigeait du côté de l'église et qu'elle s'arrêtait devant le portail. A la clarté bleue de la lune, ils virent qu'Ode demeurait longuement agenouillée et que, les yeux noyés d'extase, elle adressait au ciel de ferventes prières. Alors ils gagnèrent sa mansarde et, par la porte entrebaillée, ils virent ce spectacle singulier : Une lueur éblouissante emplissait la chambre. Et deux anges à la douce figure, vêtus de robes blanches comme leurs ailes, filaient le lin de la servante. Ils filaient avec une habileté incomparable, comme travaillent les anges, et dans un si grand silence qu'on n'entendait aucun de leurs mouvements. Au bout de peu de temps la tâche était finie. Les anges disparurent sans qu'on sût par où ils s'envolaient et, la lueur s'étant évanouie, la chambre se retrouva plongée dans les ténèbres.

Ainsi les maitres de sainte Ode découvrirent le secret du prodige.

La légende ne dit pas si, instruits de cette faveur divine, ils marquèrent plus d'égards à leur servante. Je soupçonne qu'ils jugèrent profitable de taire l'aventure et qu'ils continuèrent simplement de cueillir chaque jour le fruit inappréciable de l'industrie céleste.

Au demeurant sainte Ode abondait en miracles. Un jour, elle menait au pâturage le troupeau de ses maîtres. La chaleur était accablante. Le soleil avait brûlé les prés et tari les fontaines et les ruisseaux. Les moutons de sainte Ode, altérés et las, se couchaient languissants et poussaient des bêlements plaintifs. Ode, émue de pitié pour les pauvres bêtes, planta, d'un geste tranquille, sa quenouille dans le sol aride et aussitôt une source jaillit aux eaux vives et rafraîchissantes.

Comme il est naturel, sainte Ode avait le soin d'échauffer le zèle pieux des hommes et d'offrir au Seigneur des gages de son amour. C'est pourquoi elle résolut d'édifier à sa louange une petite église. Mais, alors comme aujourd'hui, les hommes étaient avides de gain. Les artisans ne donnaient point leurs peines et prisaient chèrement leur ouvrage. Et sainte Ode était pauvre. Par bonheur, les saints ne sont jamais embarrassés. Ode réunit quelques ânes et les envoya vers les demeures des hommes pour y cueillir des offrandes, comme un prieur fait ses moines quêteurs. Et les simples animaux (ce qui s'entend des ânes), par l'effet du miracle, revinrent chargés d'aumônes. On peut voir dans l'église de Saint-Ouën, au sommet d'un arc-boutant, deux ânes sculptés dans la pierre qui rappellent cette aventure prodigieuse.

Ainsi l'église fut bâtie.

Pendant qu'on la construisait, il advint que les ouvriers qui gâchaient le mortier manquaient de seaux pour puiser l'eau dans la rivière prochaine. Sainte Ode, féconde en moyens ingénieux, leur commanda d'user de leur tamis. Et voici que l'eau séjournait dans les passoires, comme disent les gens du lieu, et ne s'écoulait point par les trous.

Selon la règle commune à tous les saints, Ode garda son pouvoir de thaumaturge jusque dans ses reliques. Ce qui n'empêcha point celles-ci de subir les injures des hommes. Au XVIIe siècle, durant les guerres cruelles qui ruinèrent la douce Lorraine, les Suédois impies profanèrent les lieux saints et pillèrent les temples. La sépulture de sainte Ode fut violée et ses restes augustes furent jetés dans la rivière. Mais, par une grâce divine, des mains pieuses et ignorées recueillirent quelques-unes des précieuses reliques et les rendirent au culte après le départ des Suédois. On conserve encore aujourd'hui dans un reliquaire la mâchoire, un tibia, une omoplate et le cœur de la sainte. C'est bien plus qu'il n'en faut pour faire des miracles et dispenser les grâces.

Dans le ciel, sainte Ode fut touchée de tant de zèle et elle le fit bien voir. Désormais les habitants éprouvèrent en toute rencontre les effets de sa bienfaisance inépuisable.

Les fidèles qui souffraient de maux de tête n'avaient qu'à s'approcher de son tombeau. Et mieux que le plus efficace des électuaires, sainte Ode soulageait les douleurs les plus rebelles.

Par les temps de sécheresse ou les saisons humides, quand un soleil de feu consumait les moissons et brûlait le sol, ou quand des pluies diluviennes noyaient les campagnes, les laboureurs en détresse avaient coutume d'implorer leur patronne. Et la bonne sainte, selon les circonstances, répandait avec une égale aisance l'ondée qui amollit la terre et les rayons qui la réchauffent.

La simple demoiselle qui me conta ces choses affirme avec tranquillité que sainte Ode exauçait toutes les prières.

Il est vrai qu'elle ne plaignait point ses grâces. Sa bonté s'étendait sur les villages voisins et les processions contre l'injure du temps, comme on disait alors, affluaient vers son tombeau.

Pendant la guerre allemande, Ode donna au lieu de Saint-Ouën une grande preuve de son amour. Les saintes reliques furent exposées devant l'autel, sur un trône. Devant la châsse, entourée de bougies pieusement renouvelées, les fidèles vinrent prier leur patronne de garder le pays des hordes ennemies. Et, dans le fait, il advint que le pays fut épargné. On se battit autour de Saint-Ouën ; en vérité, les Prussiens envahirent le village, mais, par la volonté de sainte Ode, — il n'en faut point douter, — ils n'y séjournèrent pas et n'y firent aucun dommage.

C'est ainsi que me fut narrée l'histoire véritable de sainte Ode. Aujourd'hui les hommes n'ont plus de foi et le siècle est impie : sainte Ode ne fait plus de miracles. A la réserve de quelques clients fidèles et discrets, elle n'accorde plus aux hommes des faveurs qu'ils ne méritent plus.

Une Séance du Conseil de Ville à Epinal

(Mœurs spinaliennes du XVe siècle).

Une Séance du Conseil de Ville à Epinal

(Mœurs spinaliennes du XVe siècle)

Ce jour-là, qui était le douzième du mois d'août, en l'année 143., vers la quatrième heure de l'après-midi, la cloche de l'église, appelée la Maingeure, répandit dans l'air accablant et mou sa belle voix de bronze. A son appel familier, les conseillers, les maitres des métiers, leurs adjoints et les bourgeois qui formaient le conseil secret sortirent de leurs demeures et gagnèrent sans hâte la maison de Ville, en la place du Poiron. Ils allaient seuls ou par petits groupes, à l'aventure des rencontres, échangeant des propos et dûment revêtus, selon la bonne règle, de leurs habits de cérémonie. Les quatre gouverneurs portaient la robe bleue, ornée de l'épitoge rouge, insigne de leur fonction. Et les gens du peuple qu'ils croisaient par les rues, les marchands sur le seuil de leurs boutiques les saluaient avec politesse. A leur démarche grave, à leur mine soucieuse, il apparaissait qu'ils allaient s'entretenir d'affaires délicates. Dans le fait, l'assemblée devait examiner d'importantes réclamations que des seigneurs voisins portaient contre la ville, et la séance promettait d'être longue.

Dans la chambre de ville, les colloques s'engagèrent, animés et confus, comme il advient dans les foires et les marchés. Puis, le conseil se trouvant au complet, l'huissier, vêtu de son manteau de drap rose sèche, cria :

— Messires, veuillez faire silence. La séance va commencer.

Alors, les conversations s'éteignirent, lentement, comme à regret. Ainsi, après l'ondée, les nuages s'égouttent. Et chacun s'en fut à sa place coutumière. Les conseillers s'assirent le long des bancs recouverts de serge verte. Les gouverneurs siégèrent en leurs fauteuils, face à la compagnie, et flanqués du clerc de ville, la plume d'oie sur l'oreille.

L'un des Quatre, maître Guillaume Noblet appela la première affaire. C'était une plainte du maître échevin et des treize jurés de la ville de Metz contre un bourgeois d'Epinal, nommé Virion. Et maître Guillaume parla de la sorte :

— Messires, c'est notre bon devoir que défendre les intérêts de nos marchands et de nos bourgeois. Mais il ne serait justice ni raison de les soutenir avec éclat à l'encontre du bon droit.

Tous approuvèrent d'un hochement de tête et maître Noblet poursuivit :

— Or, voici que les sieurs échevin et jurés de Metz nous ont écrit qu'un de nos combourgeois, maître Claude Virion, fils de Martin Virion, de notre ville, acheta de Jean Maison, leur concitain, des épices pour une somme de cent douze gros et demi et qu'il n'en veut payer le prix. Et ils nous prient de l'y vouloir contraindre, comme, disent-ils, ils feraient pour nous en pareille rencontre. N'est-ce point votre avis que nous devons les entendre ?

Les conseillers opinèrent, sans débat, qu'il serait fait droit à la requête, qui était raisonnable.

Maître Guillaume Noblet reprit :

— La demande que voici vous agréera sans doute, pour ce qu'elle émane de notre bien aimé voué, que Dieu garde ! Monseigneur Arnould de Ville. Il nous mande de Germiny, où il tient sa résidence, qu'un sieur Didier, qui est de son service et qui a méfait, s'est réfugié ici dans le cloître des Dames, malgré que nous lui eussions commandé de n'être si hardi que d'entrer audit cloître ou bien dans la maison de Madame notre Abbesse.

Maître Fuzelier, conseiller, qui était d'humeur chagrine et se flattait de quelque impiété, interrompit :

— Il est vrai que les Dames accueillent de bon gré beaucoup de forains, venus on ne sait d'où, qui cachent leur qualité et qui, n'en doutez point, savent mettre en défaut la justice de leur pays. C'est ce qui ne convient point et ce que nous ne devons approuver.

Un murmure courut dans la salle, parmi les bourgeois enclins à plus de révérence.

Maitre Guillaume Noblet ne prit garde à l'interruption et il dit :

— Monseigneur s'émerveille que nous puissions souffrir Didier dans la ville et il nous demande avec mesure que nous l'en chassions, ajoutant par gentillesse : « Je vous prie de n'y pas manquer, et s'il vous plaît quelque chose que je puisse faire, écrivez-le moi; je l'accomplirai de bon cœur. Je prie Notre Seigneur qu'il vous ait en sa sainte garde ».

Le Conseil décida que Didier serait banni sans faute dès le jour suivant.

Puis maître Guillaume Noblet, gouverneur, fit cette déclaration :

— Quelques jours en çà, nous reçûmes une lettre de messire Jacquot de Blâmont, bailli de Châtel, pour monseigneur Thiébaut de Neufchâtel, maréchal de Bourgogne. Cette lettre, que je veux vous lire, ne laissa point de nous embarrasser, parce qu'elle touche notre collègue, maître Thouvenin Coithet, qui est présent et qui m'ouït dans le moment que je vous parle.

Maître Thouvenin Coithet, conseiller, était maçon de son métier. Il y était assez habile et avait su amasser quelque bien. Mais il n'avait point d'esprit et il était ignorant, comme il advient des gens de son état. De plus il éclatait d'orgueil et, dans un langage maladroit, il parlait avec importance de son propre génie qu'il estimait incomparable. Mais ses collègues, qu'il n'éblouissait point, jugeaient qu'il était médiocre, commun, voire un peu ridicule.

Lorsque maître Noblet prononça son nom d'une voix claire, tous les conseillers levèrent la tête et devinrent attentifs.

Maître Guillaume Noblet lut la lettre de messire Jacquot de Blâmont :

— « Chers et grands amis. Il est vrai que naguère je fis marchandise à Thouvenin Coithet, maçon, demeurant en votre ville d'Epinal, de quinze marches de pierre pour certain ouvrage que Monseigneur fait faire en son hôtel de ville de Châtel ; pour raison desquelles marches ledit Coithet devait avoir trois florins d'or. De ces quinze marches, il n'y en eut que quatre de bonnes, les autres étant trop courtes et veinées. Pourquoi je vous prie d'intervenir afin de contraindre Coithet à l'exécution de son marché, en manière que Monseigneur soit content ; autrement devez-vous croire que j'en fasse poursuite, aussi avant qu'il faudra, pour en ce dédommager mondit Seigneur. »

Après cette lecture, les conseillers se prirent à chuchoter, coulant vers Coithet des regards narquois et secouant la tête avec un air de reproche.

Un conseiller, maître Nicolas Grandmougin, laboureur au Faubourg de la Fontaine, qui était fruste à la vérité, mais qui avait du sens et de la malice, demanda la parole. Il n'était point enclin à l'indulgence et se faisait gloire d'un libre langage. Et, aimant la critique et un peu la chicane, il poursuivait volontiers Thouvenin Coithet, maître maçon, de propos rudes et moqueurs.

Il cria :

— Messires, ne doutez pas que notre combourgeois n'a péché que par maladresse. Je tiens que Maître Thouvenin Coithet est beaucoup plus expert dans l'art de compter les espèces que dans l'art de bâtir. C'est à quoi il nous faut prendre garde avant de le blâmer.

Et s'adressant à Coithet, il lui dit brutalement :

— Maitre Thouvenin Coithet, c'est ici une de ces bévues dont vous êtes coutumier.

A ces mots un rire étouffé courut le long des bancs où se tenaient les conseillers, secouant les ventres et les poitrines et contractant les visages.

Maitre Thouvenin Coithet devint écarlate, comme la pourpre et les coquelicots des champs. Il jeta à Grandmougin un regard chargé de colère, crispa les poings et sortit de la chambre avec éclat, mâchant des violences et des menaces.

Cependant le Conseil opina qu'il ne se mêlerait point d'une si mince affaire et que les litiges de cette sorte, qui sont le propre effet du négoce, se devaient débattre selon les voies régulières de justice.

Maître Guillaume Noblet appela ensuite l'affaire du seigneur de Beaufremont. Celui-ci se plaignait que les gouverneurs prétendissent grever de tailles et d'impôts Colin Biétrix, de Thaon, bien qu'il fût de ses gens, et qu'ils lui défendissent d'entrer dans la ville avec des marchandises, comme faisaient les autres marchands. « Ce n'est pas, disait le seigneur de Beaufremont, le premier déplaisir que vous faites à mes hommes. »

Maître Noblet lut une lettre de Jehan de Neufchâtel, seigneur de Montargis et de Fontenoy-en-Vosges, qu'il écrivit de Chemilly aux quatre gouverneurs. Il y était mandé qu'un maréchal, son homme, ayant commis un cas criminel et obtenu sa grâce de son altesse le duc de Lorraine moyennant qu'il paierait à son seigneur une somme de vingt écus, n'avait point acquitté cette amende et s'était réfugié dans Epinal. Pour quoi son dit seigneur le réclamait.

Les gouverneurs lui avaient répondu avec malice qu'il y avait plusieurs maréchaux dans la ville et qu'ils ne savaient lequel était de ses bourgeois. Et Jehan de Neufchâtel réclamait derechef son maréchal qui se nommait Mengin, fils de Vautrin Mengin, de Damas-devant-Dompaire.

Après que ces deux litiges furent tranchés, maitre Noblet exposa :

— Messires, il vous souvient d'un différend que, quelques semaines en çà, le bâtard de Vergy, seigneur de Soilly, capitaine du château de Darney pour monseigneur le duc de Bourgogne, suscita contre nous. Naguère il advint que plusieurs hommes de ses gens, qui sont proprement des pillards, s'emparèrent de trois voitures chargées de marchandises, que deux de nos combourgeois, Nicolas

Mengin et Gérard Thomassin, menaient vers les pays voisins. Leur audace fut si grande qu'ils s'avancèrent en vue de notre ville et accomplirent leur forfait avec violence, comme les chars s'engageaient en la route de Mirecourt, selon le récit de nos bourgeois. C'est ce qui permit à ceux-ci de nous mander leur détresse et de requérir notre secours. Une troupe de Spinaliens congrûment armés se mirent à la poursuite des voleurs qu'ils rejoignirent. Les Bourguignons, s'avisant qu'ils n'avaient point l'avantage du nombre, jugèrent prudent de composer. Sans disputer ni contester, ils laissèrent aller chars et charretiers, coulant vers le butin, qui leur échappait, un regard déconfit. Mais voici que leur maitre, le Sire de Vergy, qui a plus d'âpreté et moins de philosophie, fut rempli de colère.

Nicolas Grandmougin interrompit d'une voix à la fois sentencieuse et persiflante :

— L'on n'arrache point sa proie au loup sans qu'il grogne.

Les conseillers, qui s'égayaient des saillies de leur collègue, partirent d'un bruyant éclat de rire.

Maître Guillaume Noblet poursuivit :

— Donc le Sire de Vergy nous écrivit une lettre toute dolente où il se plaint d'avoir été dupé. Il prétend que la quittance, qu'il détient et qui porte signatures de Nicolas Mangin et de Gérard Thomassin, n'est pas une preuve suffisante de leur bon droit. Il demande que nous donnions assurance, sous le sceau de notre ville, que les deux marchands sont bien de nos bourgeois et que les bagues et denrées chargées sur les voitures leur appartiennent véritablement.

Maître Nicolas Grandmougin interrogea :

— Messires les Gouverneurs, en avons-nous le droit ?

— Nous ne le crûmes point, répondit

Maître Guillaume Noblet, encore qu'en vérité nous soutînmes le contraire dans l'affaire que nous portâmes, quelques mois en çà, devant le Parlement de Dôle. Pour tout dire, nous nous excusâmes avec politesse, disant que telles assurances ne sont point de notre office et que nous ne saurions engager le corps de notre ville en un démêlé particulier et privé. Mais le Sire de Vergy ne s'accommoda point de nos raisons. Il nous manda derechef qu'il n'était satisfait de notre réponse et qu'il faisait litière de la déposition des marchands, parce que, dit-il : « de tels cas l'on dispense légèrement ». Il ajoute : « Puisque vous avez tant de confiance en vos combourgeois, vous ne risquez rien de certifier la vérité de leurs propos. » Il nous menace enfin, s'il n'est entendu, « d'avoir recours sur nous et tous nos combourgeois ».

A ces mots une rumeur d'improbation emplit la Chambre de ville et les hommes s'agitèrent, comme le vent précurseur de l'orage gronde dans les arbres, courbant les cimes et secouant les feuillages.

Maitre Noblet se hâta de déclarer fièrement :

— Il nous plut de ne faire réponse à des menaces qui ne nous troublaient point.

Une clameur monta de toutes les poitrines et, d'une seule voix, les Conseillers crièrent que les Gouverneurs avaient agi noblement, selon l'honneur de la ville.

Lors Guillaume Noblet reprit :

— Voici que le Sire de Vergy nous envoie ce troisième message : « Chers et bons amis, je vous écris derechef pour vous prier de me rendre les denrées qui ne sont pas à vous ou de me certifier que ces denrées vous appartiennent. Mais la moquerie qu'il me semble que vous en faites me fait pis que le dommage. Je n'ai pas l'intention de m'en déporter avant que les dites marchandises me soient rendues ou que j'aie un certificat en bonne forme. Car il me semble que cela se doit faire ainsi. Votre réponse par le porteur. Chers et bons amis, je prie Notre Seigneur qu'il vous ait en sa sainte garde. »

Ces paroles dernières, benoîtes et doucereuses, ne purent apaiser la colère des Conseillers. Le tumulte fut très-grand et les défiances jaillirent de tous les points de la Chambre.

Un conseiller clama :

— Dites au Sire de Vergy que nos murailles sont hautes et épaisses, nos fossés larges et profonds, nos portes massives et nos poignes vigoureuses.

Maître Nicolas Grandmougin, debout, dominant l'assemblée de la taille et le bruit de la voix, prononça gravement :

— Messires, le loup est plein de méchanceté, mais à la vue du chasseur il fuit lâchement, les lèvres retroussées, montrant ses crocs, le regard oblique et la queue basse.

Ces paroles malicieuses mirent en gaité les Conseillers dont le courroux tomba. Dès que le calme fut rétabli, les Gouverneurs proposèrent de rejeter simplement la demande du Sire de Vergy. Et, d'un accord unanime, les Conseillers approuvèrent cet avis.

. . . .

La séance ayant pris fin, les Conseillers s'écoulèrent, par groupes animés et narquois, et regagnèrent en disputant leurs demeures tranquilles. Déjà la nuit tombait. Le cor du château appelait les hommes du guet et la cloche de l'Eglise annonçait la fermeture des portes de l'enceinte.

Le Château d'Arches

Le Château d'Arches

Octobre 1904.

En l'année 1085, le duc Thierry de Lorraine réunit une troupe de fantassins et de cavaliers, et s'achemina vers Epinal. Il sema sur son passage la misère et la ruine, dévastant les campagnes et brûlant les villages. Enfin, il arriva devant Epinal qu'il assiégea. Ce prince, écumeur de grands chemins, avait, à l'occasion, de fières allures et les sentiments d'un chevalier. Il proposa aux gens de Vidric, qui occupaient la ville, de combattre ses soldats à nombre égal, moyennant que ceux d'Epinal feraient la promesse de rester neutres. Les Spinaliens promirent et la lutte s'engagea dans la plaine, à peu de distance des murailles. Elle fut brève : au premier choc, les troupes de Vidric lâchèrent pied et, prenant la fuite, rentrèrent en désordre dans la ville. Alors les Spinaliens, oublieux de la parole donnée, fermèrent leurs portes et, par les jets des balistes établies sur les remparts, arrêtèrent la poursuite des Lorrains.

Toutefois le duc n'en eut point de colère et montra qu'il savait être magnanime et pacifique. Il craignit de verser le sang de la multitude entassée dans la ville, la jugeant innocente de la trahison des gens de guerre. C'est pourquoi il s'éloigna simplement avec son armée et tira vers le lieu d'Arches où il bâtit une forteresse. Ainsi, selon la Chronique de Jean de Bayon, le château d'Arches se trouva fondé, pour surveiller la ville et le pays d'Epinal.

La Chronique exagère les vertus ducales et la perfidie de nos bourgeois. Il n'en faut point douter ; et je tiens pour bien plus vraisemblable ce simple récit du Père Benoit Picard, qui écrivit l'*Histoire de la Maison de Lorraine.*

En ce temps-là, a-t-il conté, la ville d'Epinal était le refuge de plusieurs seigneurs qui, sous prétexte de la défendre, couraient les terres voisines et les mettaient au pillage. Le duc Thierry, connaissant ces désordres, résolut de les réprimer. En quoi il accomplit son devoir de souverain. Donc, il assembla des troupes et porta le siège devant Epinal. Le seigneur Vidric y commandait. Il défendit si bien la ville et le château qu'il lassa les efforts de Thierry et le contraignit de battre en retraite. Celui-ci se retira avec son armée jusqu'au lieu d'Arches où il édifia un château fortifié pour garder le pays des incursions et des rapines.

Fondés par le duc de Lorraine, le château et la ville d'Arches-sur-Moselle devinrent le siège d'une prévôté ducale.

Cette prévôté était gérée et gouvernée par les officiers ordinaires : un prévôt, un gruyer, et un substitut du procureur de Lorraine. En outre le château, à cause de son importance stratégique, était habité par un gentilhomme qui avait la confiance de son duc. Ce châtelain ou capitaine d'Arches était bien un chef militaire, mais il joignait à cette qualité les fonctions moins glorieuses de geôlier. Même le temps arriva où le pays d'Arches connut l'adversité comme toute la Lorraine ; et le château, ruiné par la fortune de guerre, comme on disait, de l'altière forteresse qu'il était, devint une prison vile. Alors les châtelains, déchus de leur premier honneur, n'eurent plus d'autre devoir que garder les prisonniers enfermés dans le donjon qui restait seul debout. Et leurs émoluments devinrent aussi modestes que leurs attributions ; car, outre la franchise coutumière des impôts et des charges publiques, ils n'eurent plus que la résidence au château et la jouissance d'un jardin.

En vérité, leurs avantages ne furent jamais considérables. Au commencement du XVIIe siècle, ils recevaient un traitement annuel d'une centaine de livres et ils ne percevaient au-delà que quelques droits insignifiants, moins lucratifs que singuliers.

C'est ainsi que chaque année, le jour de la Saint Jean-Baptiste, les officiers du Val de Munster, qui en étaient requis par le sonrier de l'église Saint-Pierre de Remiremont, envoyaient des gens par tout le Val, dans toutes les granges des chaumes. Ces émissaires avertissaient les marquaires de se trouver, au jour fixé par le sonrier, en la place publique de Gérardmer et d'y porter les fromages dont ils devaient le tribut. Une part de ces fromages revenaient, de toute ancienneté, au capitaine d'Arches. En retour, le capitaine était tenu de payer le dîner des officiers du Val, le greffier et le maître des bourgeois, et de fournir quelques victuailles aux délégués des marquaires. Et de la sorte, le pauvre capitaine ne retenait que fort peu de chose et ne tirait de cette redevance qu'un bien maigre profit.

Les châtelains avaient coutume, à cause de leur office, de lever un autre droit, qui était dit le *droit de lance*. Toutes fois qu'un manant du pays d'Arches quittait la prévôté et sortait des terres et de la suzeraineté ducales, il devait en obtenir le congé de son Altesse ou du châtelain, son représentant. Il comparaissait devant celui-ci et lui offrait un fer de lance en argent, un baril de vin, une paire de gants et « une douzaine d'aiguillettes ferrées d'argent ».

Tout cela n'emplissait pas les coffres du châtelain et, pour bien dire, son office était surtout honorifique.

Le prévôt, le gruyer et le substitut

géraient le domaine de Son Altesse, selon les règles accoutumées. Le prévôt, premier officier de la Prévôté, gouvernait, au nom du duc de Lorraine, les habitants, ses sujets. Il organisait les levées de troupes, présidait aux « monstres » ou parades et menait à l'armée ducale le contingent de la circonscription ou, comme on disait, la bannière *de la Prévôté*. C'est pourquoi il était dit que les hommes du ban étaient « sujets au cri d'armes et d'alarmes. »

Le prévôt rendait la justice, et il la rendait dans les formes, avec l'appareil et, si j'ose dire, parlant de si graves choses, avec les accessoires habituels.

Le Tribunal tenait ses audiences et rendait ses sentences sous une halle, en dehors du château. Aux accusés qui s'obstinaient dans la dénégation le maître du vil office de Remiremont appliquait la question. Et sans aucun doute, ici comme ailleurs, les épaisses murailles de la chambre de torture étouffaient à l'aventure les gémissements des innocents et des coupables. Car, ainsi que l'écrit la Bruyère : « La question était une invention merveilleuse pour perdre un innocent qui avait la complexion faible, et sauver un coupable qui était né robuste ». Les prisons étaient creusées, en manière d'oubliettes, dans le sous-sol de la grande tour du donjon. Leur nom l'indique assez : on les nommait les *fonds de fosse*. De même, à Epinal, la prison dite le Puits du Château était un trou profond où les prisonniers s'engageaient en glissant le long d'une corde. Et il advint qu'à l'usage la corde se trouva trop courte et que les prisonniers qu'on « avalloit » (descendait) par ce chemin, se laissaient choir de trop haut sur le sol et s'y rompaient les os. Il fallut quelque temps pour que l'administration du domaine ducal, qui était parcimonieuse, se décidât à rallonger la corde. A Arches, une grille de fer, lourde et « matérielle », fermait l'ouverture des fonds de fosse et empêchait l'évasion des prisonniers. Telles étaient les prisons criminelles du château d'Arches. La prison civile, beaucoup moins rigoureuse, était simplement une chambre voisine de la salle où le bourreau donnait la question.

Dans l'enceinte du château il y avait un puits dont, naguère encore, les vestiges subsistaient. Les délinquants étaient promenés autour de ce puits et battus de verges jusqu'à effusion de sang. Ailleurs se dressait le signe patibulaire où l'on suspendait les corps des suppliciés. Au bout de peu de temps, les cadavres se détachaient, décomposés par la pluie et le soleil, et les animaux sauvages, qui peuplaient les forêts voisines, emportaient dans leurs retraites des lambeaux dérobés à ce charnier lugubre. On dut, par décence, élever autour du signe une muraille de six pieds pour garder les cadavres de l'atteinte des bêtes.

Au demeurant, la justice d'Arches pratiquait les supplices usités dans le reste du Duché et figurés dans l'estampe fameuse de Callot : le feu pour les sorciers, le gibet, la marque... Nous avons, pour exemple, le récit d'une exécution par les verges et la marque, qui eut lieu à Arches au XVIe siècle. Le condamné fut remis à l'exécuteur des hautes œuvres de Remiremont qui l'exposa au carcan, à la vue du peuple. Puis il fut conduit jusqu'à une croix de pierre, proche le grand Pont d'Arches à Archettes, et durant qu'il cheminait il était fustigé « par plusieurs fois et en divers endroits jusqu'à effusion de sang ». Arrivé à la Croix, il fut marqué sur l'épaule droite d'un fer chaud à l'empreinte d'une double croix de Lorraine et déclaré banni à jamais des terres et pays de son Altesse, si Elle ne lui donnait grâce. L'exécution terminée, le condamné s'agenouilla et cria « merci à Dieu, à Son Altesse et à justice. »

Comme il est naturel, les peines corporelles étaient réservées aux méfaits de quelque gravité ; mais pour les fautes légères, les juges de la Prévôté ne prononçaient que des amendes. Voici une sentence de justice où l'on voit que le tribunal montrait à l'occasion et selon les personnes une belle mansuétude. Vers la fin du XVIe siècle, le jour de la Saint-Jacques qui était jour de foire à Arches, le curé d'Eloyes, nommé Demange Mourat, s'en revenait au presbytère. En chemin, entre la Justice d'Arches et le village de Pouxeux, il rencontra un Bourguignon avec qui il se prit de querelle. Le prêtre, apôtre de douceur et ministre de paix, n'était doux ni pacifique. Même il inclinait à la violence, d'une pente naturelle. C'est ce qui apparaissait à la rapière qu'il portait au côté et qui n'était point de son état. Il eut tôt fait de tirer son épée et d'en ruer au Bourguignon un grand coup d'estoc qui lui fit à la cuisse une blessure protonde. Pour quoi le tribunal le condamna seulement à une amende de quinze francs.

Arches, chef-lieu de la prévôté de ce nom, comprenait le Château et la Ville proprement dite, qui le joignait immédiatement et se trouvait enclose dans l'enceinte des murailles. Au-delà des murs et des fossés s'éparpillaient les maisons du vieux Bourg, sur l'emplacement du village actuel. Dans le fait, si la forteresse avait quelque importance stratégique, la Ville et le vieux Bourg étaient fort peu considérables.

En 1585, la Ville comptait cinq conduits ou ménages (25 habitants) et le Bourg trente six conduits (180 habitants). En 1652, quand le Château fut détruit par les troupes de France, Arches n'avait plus qu'une vingtaine d'habitants. Plus tard, le duc de Lorraine Léopold imagina de relever de ses ruines l'infortunée bourgade. Le 5 janvier 1719, il promulga un curieux Edit par lequel il promettait d'importants avantages à tous ceux qui viendraient s'établir dans le lieu d'Arches. Entre autres décisions, il prescrivait que la future cité serait nommée Arches-la-Neuve. Hélas ! Arches-la-Neuve n'exista jamais que dans le désir et le rêve du souverain : personne ne répondit à son appel.

Des temps les plus éloignés, un pont franchissait la Moselle, reliant Arches et Archettes. Emporté ou endommagé par les crues fréquentes de la rivière et « l'injure du temps », il était pour la prévôté une occasion de lourdes dépenses. Tout près de nous, il devint le sujet d'une plaisante aventure. Certain candidat au Conseil Général promettait, s'il était élu, de faire voter par le conseil la construction d'un pont neuf. Son concurrent, qui était ingénieux et savait plus qu'homme du monde les ruses de la politique, jura qu'il ferait mieux ; il promit deux ponts, pour l'aller et le retour. En bonne philosophie, dupait-il plus ses électeurs ?

Enfin il y avait dans la ville d'Arches, à l'intérieur de l'enceinte, une maison-fief ou seigneuriale qui était au sieur de Jussy. Un privilège singulier y était attaché : c'était le droit d'asile, ce qui s'entend qu'elle était aux criminels un refuge inviolable. L'immunité durait quarante jours ; elle était renouvelable si le coupable, déjouant la surveillance des hommes de justice, sortait de la maison-fief et y rentrait.

Telle fut autrefois la ville d'Arches-sur-Moselle qu'on appellerait mieux une bourgade. Voisine d'Epinal, elle en eut à peu près la fortune. Le bonheur pour elle, ce fut l'existence simple, ignorée et lointaine, la vie sans histoire. De loin en loin, elle était visitée par les Ducs qui venaient d'Epinal et gagnaient Plombières. Ils s'arrêtaient dans le Grand Bourg, où ils prenaient leur repas. Plus rarement ils gîtaient au Château : selon l'usage, on saluait leur présence de quelques livres de poudre.

En ce temps-là, Arches vivait les plus beaux moments de sa durée. Puis les malheurs sont venus. Déjà au XVe siècle, les soldats de Charles le Hardi avaient envahi le pays et les Lorrains de la prévôté avaient, comme les autres, donné leur foi au Duc de Bourgogne. Mais ils ne l'avaient donnée que des lèvres et, dans leur cœur, ils étaient restés bons Lorrains.

Au XVIIe siècle, comme le reste de la Lorraine, comme Epinal, la prévôté connut les pires misères. Les troupes du Roy de France lui infligèrent toutes les horreurs de la guerre : les campagnes dévastées, les maisons pillées, les habitants mis à mal, décimés ou en fuite. En 1645, détail piquant, le tabellion de la prévôté donne sa démission de fermier du sceau, parce que les habitants sont ruinés par les Suédois, les sinistres alliés du Roy de France, et qu'ils n'ont le moyen de passer aucun contrat. Dans l'immense détresse qui submerge le pays, le tabellion prudent ne perd point le sens de son intérêt.

En 1652, la ville ne comptait plus que trois ménages. La forteresse épuisée cessa la résistance et ses vainqueurs impitoyables la brûlèrent comme ils détruisirent par la mine le noble Château d'Epinal.

Ces ruines lamentables, déjetées et caduques, se sont émiettées avec le temps. Aujourd'hui l'on n'en aperçoit plus que de rares vestiges : des pans de murs lépreux, des amas de pierres croulantes qui font des taches grises sur la colline verte.

Il reste fort peu de chose du Château d'Arches. Mais pour le promeneur averti, ces pauvres ruines sont doucement évocatrices d'un passé troublant et d'une chère histoire. Je l'éprouve bien en ce jour où le ciel gris et froid répand sur toutes choses comme un voile de tristesse. Voici que devant mes yeux la vieille forteresse surgit avec son donjon, ses tours et ses murailles. Autour d'elle les maisons renaissent, humbles et chétives. Je vois sur les courtines les soldats casqués comme autrefois, et, parmi les basses demeures du bourg, les laboureurs tranquilles, simples et modestes.

Alors une grave pensée me vient à l'esprit. Je songe que ce que je découvre aujourd'hui du sommet de la colline, ces hommes le découvraient jadis. Ils voyaient la même plaine qui s'enfonce là-bas et va mourir bien loin, dans la brume, au pied des montagnes bleues. Ils voyaient les mêmes villages d'Arches et d'Archettes, pareils et géminés, posés sur les deux rives de la Moselle. Ils voyaient la même rivière qui s'écoule lentement dans la vallée entre les pentes boisées qui l'enserrent. Ils voyaient le même ciel et la même terre. Eux seuls ne sont plus. Ainsi la nature demeure immuable sous l'écoulement éternel des choses.

TABLE

www.ingramcontent.com/pod-product-compliance
Ingram Content Group UK Ltd.
Pitfield, Milton Keynes, MK11 3LW, UK
UKHW022006170726
13837UKWH00001B/11